LE FIGARO littéraire

Les nuances de la langue française

ou l'art de choisir le mot juste

Par Jean-Loup Chiflet

&Mots Caetera

Le Figaro - 14, boulevard Haussmann, 75009 Paris.
Directeur général, Directeur de la publication : Marc Feuillée.
Directeur des rédactions : Alexis Brézet.
Directeur délégué des rédactions : Paul-Henri du Limbert.
Éditrice : Sofia Bengana. **Éditeur adjoint** : Robert Mergui.
Chef de projet en charge de la coordination éditoriale : Nathalie Hervo.
Directrice adjointe à l'édition : Anne Huet-Wuillème.
Édition : Anne Huet-Wuillème et Valérie Maillard.
Auteur : Jean-Loup Chiflet.
Responsable fabrication : Denis Imbault. **Responsable pré-presse** : Alain Penet.
Direction de la diffusion : Philippe Grinberg. **Directeur des ventes** : Laurent Nocca.
Responsable de la communication : Aurélie Broux.
ISBN : 978-2-8105-0813-6. Achevé d'impression en août 2017
sur les presses de l'imprimerie Toppan Leefung en Chine.

Préface ou introduction ?

Entre deux mots, faut-il choisir le moindre ou le mieux approprié ? Si la réponse paraît évidente, encore faut-il se méfier des apparences trompeuses et des faux-semblants.

Prenons la *préface* et l'*introduction*. L'une et l'autre servent à présenter le texte qui va suivre, mais la préface peut très bien être écrite par quelqu'un qui n'est pas l'auteur du livre. En revanche, l'introduction qui sert à présenter les grands thèmes du livre fait d'ores et déjà partie de l'ouvrage. Il ne s'agit pas là de synonymes mais bien de nuances, c'est-à-dire de deux mots de même nature marqués par des différences peu sensibles.

Dans ce livre, vous allez découvrir qu'on n'apprécie pas une entrecôte pour sa *tendresse* mais pour sa *tendreté* et que vous n'*amènerez* pas de vin pour l'accompagner mais que vous *apporterez* plutôt quelques bouteilles. Vous apprendrez aussi à vous méfier des petits chefs qui veulent faire peur en brandissant leur *férule* en lui préférant la *houlette* qui, elle, ne fait pas mal.

Il est donc temps de mettre le doigt sur le sens exact de ces couples de mots qui, sans être passés devant le maire, parviennent bon gré mal gré à vivre en bonne intelligence tout en montrant comment le sens commun les a fait évoluer.

Et si vous avez, comme tout le monde, de bonnes ou de mauvaises *habitudes*, surveillez-les de près avant qu'elles ne se transforment en *manies*.

Jean-Loup Chiflet

homage

éloge

Éloge ou hommage

Je me pose souvent la question suivante : on a parfois fait l'éloge de mes maigres talents mais on ne m'a jamais rendu hommage ; est-ce normal ? La réponse est « Oui ! ». Parce que je ne suis pas mort. Et, comme je ne suis pas une dame, personne ne me présentera jamais ses hommages... Un hommage (cérémonie moyenâgeuse par laquelle le vassal promettait fidélité à son suzerain) est un témoignage de profond respect aujourd'hui réservé à un défunt. Lorsqu'une personne meurt, il est cette cérémonie protocolaire qui invite au recueillement autour du mort. Intime, il est silencieux. National, il est impressionnant de dignité. Lors d'obsèques, l'éloge funèbre (y aurai-je droit ?) est très solennel, voire vibrant. Panégyrique du défunt, discours émus couverts par les *Fugues en ré mineur* de Bach, tout y est. Le chagrin est grandiosement sonore. Et le Panthéon résonne encore du « Entre ici, Jean Moulin ! » prononcé par Malraux en 1964. Qu'il se fasse dans l'emphase ou non, l'éloge vante les mérites d'un individu ou d'une qualité. Érasme a écrit l'*Éloge de la folie* (1509), suivi deux siècles plus tard par Jean-Paul Richter et son *Éloge de la bêtise*. Je suis sûr qu'un sujet pareil continue d'inspirer et que des annexes sont ajoutées régulièrement à cet ouvrage. Cioran, plein de sagesse, faisait l'éloge du silence. Probablement en écho à Hamlet (*The rest is silence*). Pour ma part, quitte à plagier Étienne Moulron, je me contenterai de faire l'éloge de l'humour.

Habitude ou manie

Je me souviens de ce poème de Victor Hugo : « Elle avait pris ce pli dans son âge enfantin de venir dans ma chambre un peu chaque matin. » La visite quotidienne de Léopoldine à son père est une belle illustration de l'habitude, qui est faite d'actions répétées. Tous les jours, l'enfant faisait les mêmes gestes, elle s'asseyait sur le lit, mettait un beau désordre dans les livres et les papiers, avant de repartir en riant. Victor Hugo avait l'habitude de ce tourbillon qu'il attendait « comme un rayon qu'on espère ». Nos journées sont jalonnées d'habitudes, qui nous permettent d'accomplir les mêmes actes avec facilité. La plupart du temps, elles nous simplifient la vie car c'est grâce à elles qu'on lace ses chaussures, qu'on ferme un robinet ou qu'on passe la seconde sans réfléchir. Les mauvaises habitudes existent aussi, elles signifient qu'on ne fait pas les bons gestes, parce qu'on a appris tout seuls : je ne vous dirai pas comment je tape mes textes sur mon ordinateur… Parfois, nos proches se moquent de nous, devant notre habitude de nous asseoir toujours sur la même chaise, ou de privilégier la même place sur le canapé, avec le même coussin dans le dos. Car où finit l'habitude et où commence la manie ? Je ne parlerai pas de ce trouble mental qui remplit les salles d'attente des psys, je me contenterai de critiquer l'habitude bizarre qui irrite souvent : on connaît tous une madame Machin qui passe ses journées à « faire la poussière » (expression qui m'a toujours amusé) car elle a la manie de la propreté, ou un vieux garçon maniaque (pléonasme !), obsédé par le rangement et l'ordre. Manies, TOC, phobies, je n'ai rien de tout ça. De toute façon, je ne vous le dirai pas car parler de moi, ce n'est pas dans mes habitudes.

« Cette manie de qualifier de fous
ceux que l'on ne comprend pas ! »
Amélie Nothomb

Interrogation ou questionnement

Interroger ou questionner ? Bonne question. L'interrogation, qu'on pratique régulièrement, demande une réponse précise. À l'école, ce sont les interrogations qui rythment nos journées. Les professeurs, qui savent tout, passent leur temps à interroger leurs élèves qui ne savent pas grand-chose. Ce qu'ils cherchent dans les interros, c'est la preuve que les CM2 n'ont rien compris. Et ne parlons pas des interros surprises. Le même comportement inquisiteur se perpétue jusqu'au bac, où on interroge le candidat en faisant semblant de ne pas connaître la réponse. À l'issue d'un match de foot, le journaliste interroge les joueurs. Et quand on est seul et qu'on a une décision à prendre, il nous arrive d'interroger notre conscience... mais celle-ci fait comme si elle ne nous entendait pas. Le suspect qu'on interroge sait qu'il va passer un mauvais quart d'heure. On va le « cuisiner » car on veut des réponses précises. Pourtant, cet interrogatoire est bien gentillet si on le compare à un procédé barbare d'autrefois : au Moyen Âge, on pratiquait le questionnement, qui était la torture légale de l'époque. Le but étant de faire parler le coupable, on lui arrachait des aveux en lui faisant subir des supplices appelés

« questions ». Rien à voir avec un questionnaire à choix multiples. Et on appelait « questionnaire » le bourreau qui orchestrait ces tortures. Qui a dit qu'il n'y avait pas de sot métier ? Les questions qu'on pose aujourd'hui font moins mal. Elles témoignent seulement de notre curiosité : on questionne quand on fait référence à un problème, sans nécessairement chercher une réponse précise. D'après mon ami prof de philo, l'élève interroge l'enseignant quand il ne comprend rien, et le prof questionne l'élève pour poser une problématique. Cela donne ce sujet de dissertation : « Dieu existe-t-il ? » Vous avez quatre heures. Si vous pensez que cet exposé n'est pas très convaincant, n'hésitez pas à me questionner. Mais, de grâce, laissez les questions moyenageuses au musée des horreurs.

inter

Humble ou modeste

Le modeste est sans éclat. Tout est sobre chez lui, ses revenus, ses goûts et ses projets. Il traverse la vie en rasant les murs pour éviter qu'on le remarque. Pudique et réservé, il n'aime pas parler de lui-même. Parfois poussée à l'extrême, la modestie peut devenir un art subtil: la fausse modestie est l'apanage des pervers qui font semblant de s'accabler de défauts dans le but de s'attirer des compliments. Les femmes ne sont pas en reste, délicieuses saintes-nitouches avec leur air de ne pas y toucher. L'humble a le sentiment de n'être pas grand-chose. Conscient de ses limites, il se dit incapable de réussir. Très respectueux des autres, il pense qu'il est de son devoir de les aider, voire de les servir. Une telle abnégation est biblique: la Vierge Marie se dit «l'humble servante» du Seigneur (*Magnificat*). Et chez les primitifs italiens de la pré-Renaissance, la Vierge d'Humilité est représentée assise sur le sol, sans trône. Pour être plus proche de nous, les hommes.

«Quand on est ce que je suis,
il est difficile de rester humble.»
Mohammed Ali

Belle ou jolie

Je ne m'amuserai pas à chercher qui, d'une femme belle ou d'une belle femme, est la plus belle. Même le miroir de la marâtre (Blanche Neige) ne pourrait le dire. Mais la beauté féminine est fascinante. Quand on dit d'une femme qu'elle est belle, on remarque une allure, un visage aux traits harmonieux, un je-ne-sais-quoi qui irradie de tout son être. On ne peut pas ne pas la regarder, séduits par cette beauté évidente qui se moque des années. Les plus belles femmes sont sans doute celles qui, passé la quarantaine, ont ce charme émoussé des voleuses de beauté. Ces femmes qui dans l'arrière-saison de leur jeunesse nous offrent l'image de la sérénité. Un regard doux, une jolie patine sur le visage qui donne envie d'y musarder. Une jolie femme est gracieuse, mignonne, agréable à regarder, et elle fait tout pour qu'on la remarque. Joli (du vieux français «jolif», de «jol» qui signifiait fête) a d'abord signifié «joyeux», avant d'avoir le sens qu'on lui connaît. Les Anglais parlent de «jolly good fellow» pour décrire un bon vivant enjoué et généreux. Et l'expression vieillotte «cette jeune fille est jolie comme un cœur» signifie qu'elle a... du cœur. Car ce qui est joli est gentil. Et ce qui n'est pas joli... vous connaissez la suite. C'est pour ça que devant un écart de conduite, on s'exclame: «C'est pas joli joli!» Ces digressions linguistiques m'égarent. Mais ne soyez pas impatientes, mesdemoiselles: aujourd'hui, vous n'êtes «que» jolies. Demain, vous serez belles.

Récalcitrant ou réticent

Il y a plusieurs façons de réagir à un ordre : si on est bien élevé, on obéit. Parce que le chef a parlé, et que c'est sans appel. Si on n' est pas tout à fait d'accord, on est réticent, et on se fait prier. Je suppose que lors des mariages arrangés du XIXe siècle, le jeune homme était parfois réticent car la personne que ses parents avaient choisie n'était pas une beauté. Mais il passait outre ses réticences et il se mariait quand même : il n'avait pas le choix. Et puis, comme en épousant la jeune fille il épousait ses vignobles et ses châteaux, il lui disait oui. Ce qui n'allait pas l'empêcher d'aller se dévergonder ailleurs. Dans notre quotidien, les enjeux ne sont pas les mêmes, mais les réticences, on connaît. Qu'il s'agisse d'une visite chez le dentiste ou d'un rendez-vous chez le cardio, on hésite, on recule. Mais on y va. La réticence n'est pas réservée aux adultes, les enfants aussi la pratiquent. Elle se manifeste par leurs soupirs devant leur assiette d'épinards ou leur cahier de maths, et leurs traînements de pieds quand il s'agit d'aller à l'école. Celui qui est récalcitrant est bien plus difficile à faire plier, l'étymologie du mot en est la preuve : le latin *recalcitrare* signifie ruer, comme le fait un âne qui ne veut pas avancer. Cette obstination dans le refus, on la trouve chez nos ados qui, bien fait pour eux, stigmatisent les défauts qu'on ne veut pas reconnaître en nous : plutôt que d'aller au lycée, ils martèlent (en plagiant Mirabeau) qu'ils ne sortiront de leur chambre « que par la force des baïonnettes ». Nous, on est démunis devant leur entêtement, et on se demande « C'est qui le chef ici ? ». La réponse est chez les équidés. Chez cet âne qui est l'archétype du récalcitrant : il est têtu comme une mule, on ne peut pas le faire boire s'il n'a pas soif ni le faire travailler s'il ne veut pas travailler, et il rue dans les brancards au lieu d'obéir ou de passer son bac. Pourvu qu'il ne devienne pas « bête comme un âne »...

> « La civilisation est quelque chose d'imposé
> à une majorité récalcitrante par une minorité
> ayant compris comment s'approprier
> les moyens de puissance et de coercition. »
> Sigmund Freud,
> *L'Avenir d'une illusion*

Vieux ou vétuste

Le mot vétuste a sa place dans le dictionnaire, mais pas dans le langage de nos enfants. Démodé, d'après eux. Effectivement, ce qui est vétuste appartient à « un temps que les moins de vingt ans ne peuvent pas connaître ». La maison vétuste est en piteux état, on va la démolir après l'avoir débarrassée de ce qui l'encombrait : matelas tachés, chaises bancales, vélos rouillés, car tout doit disparaître pour cause de vétusté. Même chose pour les pots de terre et les pots de fer ébréchés ou cabossés. Pour moi, le proverbe « Tout passe, tout lasse, tout casse » définit bien ce qui est vétuste. C'est pourtant dans les vieux pots qu'on fait les meilleures soupes. L'adjectif vieux est plus souvent utilisé, et plus compréhensible. On remplace facilement sa console de jeux et son ordinateur parce qu'on les trouve trop vieux. On n'arrête pas le progrès. Pourtant, Georges Brassens regrette d'avoir jeté sa « vieille pipe en bois » (*Auprès de mon arbre*). On garde nos vieilles photos de gens qu'on n'a pas connus car elles nous racontent notre histoire, et nos vieux papiers qu'on se promet de classer quand on sera vieux. Les vieux, ce sont les autres, qui échangent des souvenirs avec leurs vieux amis du bon vieux temps. Ils ont tout vu, et les jeunes ne les impressionnent pas car « on n'apprend pas aux vieux singes à faire la grimace ». Et puis il y a nous, qui ne voulons pas être vieux trop tôt, et qui avons demandé à la sagesse d'attendre le nombre des années. Nous qui aimons les discussions avec les vieux copains, les balades dans notre vieille voiture et le charme des vieilles pierres. Et l'odeur des vieux livres. La chanson de Jacques Brel, rythmée par « la pendule d'argent qui ronronne au salon » n'est pas pour nous. Elle est pour... les vieux.

« On ne peut s'empêcher de vieillir,
mais on peut s'empêcher de devenir vieux. »
Henri Matisse

Sellette ou piédestal

La sellette existait déjà au Moyen Âge : on y installait les accusés qui, ainsi accroupis, étaient en position d'infériorité face aux juges. Sous la Révolution française, elle a gardé cette fonction symbolique: dans *Le Cimetière de la Madeleine*, Jean-Joseph Regnault-Warin fait dire à Robespierre lors de l'accusation de Louis XVI : « Asseyons sur la sellette celui qui se plaçait sur un trône. » Aujourd'hui, beaucoup de nos ministres sont sur la sellette, exposés à la critique, ce n'est plus leur tête qu'ils risquent de perdre, mais leur poste. Et puis il y a cette sellette qu'utilise le sculpteur pour y poser son bloc d'argile. Dieu en aurait-il utilisé une pour façonner Adam pour éviter de se baisser ? *La Genèse* ne le dit pas. Et c'est posé sur une sellette que *Le Penseur* de Rodin pense. Il existe donc, en plus des sellettes-procès, des sellettes-faire-valoir, qui permettent à un objet ou à un individu d'être bien vu. D'où l'importance de l'article : si on est sur LA sellette, nos jours sont comptés. Sur UNE sellette, à nous les honneurs et la gloire ! Pour éviter toute ambiguïté linguistique, laissons la sellette aux minus, utilisons plutôt le piédestal, qui est sa cousine en grand format. C'est grâce à son piédestal que la Statue de la Liberté peut éclairer le monde. Et si on n'est ni de marbre ni de pierre, on aime être mis sur un piédestal par ceux qui nous aiment ou nous admirent. On n'est pas dupes, mais ça fait du bien d'être idéalisé ! À condition, bien sûr, de ne pas tomber de notre piédestal !

Atmosphère ou ambiance

L'atmosphère et l'ambiance sont comme deux cousines : bien que proches par le sens et par l'étymologie, chacune a sa vie propre et sa spécialité. Le mot atmosphère apparaît au XVIIe siècle, pour définir « l'enveloppe gazeuse qui entoure le globe terrestre ». Autrement dit, c'est grâce à l'atmosphère qu'ont lieu les échanges respiratoires. Mais il arrive qu'on la trouve malsaine et qu'on éprouve le besoin de partir pour changer d'air. Projet difficile à formuler pour Louis Jouvet *(Hôtel du Nord)* : « J'ai besoin de changer d'atmosphère, et mon atmosphère, c'est toi », et à comprendre pour Arletty : « Atmosphère ! Atmosphère ! Est-ce que j'ai une gueule d'atmosphère ? » Quand elle est polluée, enfumée, humide, l'atmosphère a besoin d'être assainie : on a alors le choix entre le feng-shui et le vaporisateur… d'ambiance. Nous y voilà. Car ambiance (ambi : de part et d'autre) correspond moins à la nature de l'air qu'à sa qualité. D'où ces parfums d'ambiance, bougies d'ambiance et musiques d'ambiance, ingrédients indispensables d'une fête réussie. Malgré ça, parfois, l'ambiance est pesante. Ce n'est pas parce qu'on a trop fumé, c'est parce que tout le monde s'ennuie. La soirée est ratée. Et on envie les voisins qui ont l'air de bien s'amuser. Chez eux, il y a de l'ambiance…

Écouter ou entendre

Entendre ne nécessite aucun effort de notre part, il suffit qu'on ait une bonne audition pour que les sons et les voix nous parviennent. On n'a même pas besoin de tendre l'oreille pour entendre les caprices de bébé, les vrombissements des motos ou les klaxons des supporters, ils s'imposent à nous. Mais comme il vaut mieux entendre ça que d'être sourd, on n'ose pas se plaindre. Car on peut aussi profiter des chants d'oiseaux dans la forêt et des cris des mouettes au cap Fréhel. Quand on écoute, on est actif. On prête attention à celui qui veut nous parler, et on accepte ses remarques. Sinon, il repartira déçu : « Il n'a pas voulu m'écouter. » Le parent inquiet écoute si bébé pleure, le bon élève (une espèce en voie de disparition) écoute son prof de latin. Et si le prof sait se faire écouter, il aura les palmes académiques. Le premier geste du médecin, il le fait avec son stéthoscope : il écoute les battements du cœur du patient. Mais si ce dernier s'écoute trop, cela signifie qu'il est hypocondriaque. Le docteur lui répondra : « Oui, j'entends bien, mais vous êtes en pleine forme ! » Verlaine (*Il pleure dans mon cœur*) aime écouter le « bruit doux de la pluie par terre et sur les toits ! ». Mais parfois on devrait s'abstenir d'écouter : les chants des sirènes (*Homère. L'Odyssée*) étaient envoûtants, et les marins qui les écoutaient en mouraient. Ulysse l'a échappé belle, car il a su leur résister. Nous, on se contente d'écouter aux portes, ce n'est pas joli joli. Mais on a une excuse : les murs ont des oreilles. Les animaux aussi ont des oreilles, c'est Louis (Raymond Devos. *Ouïr*) qui me l'a dit : « L'ouïe de l'oie de Louis a ouï... Elle a ouï ce que toute oie oit. » À bon entendeur, salut !

« Il faut écouter ceux qui parlent,
si on veut être écouté. »
La Rochefoucauld

Médecin ou docteur

On n'entre jamais dans un cabinet médical en s'exclamant : « Bonjour, médecin ! » Et minuit n'a jamais sonné pour le médecin Schweitzer. Car ce n'est pas la fonction qu'on aime saluer, mais l'homme. Ou la femme. Le médecin, c'est avant tout celui qu'on appelle dans l'urgence (SAMU, SOS médecins), et qui nous traite comme un patient anonyme. Comme sa salle d'attente est pleine, on ne perd pas de temps à dialoguer, c'est lui qui parle : « Toussez ! Ne toussez plus ! Dites 33 ! Vous devriez perdre du poids, vous mettre à la marche nordique et arrêter de fumer. Vous avez votre carte Vitale ? Vous payez par chèque ? Merci. Au suivant ! » Pourtant vous lui direz « Au revoir, docteur ! », même si vous avez l'impression qu'il vous a ausculté à la va-vite. Vous irez même jusqu'à vous demander s'il est bien docte, ce docteur. Alors qu'on consulte un médecin, on rend visite à son docteur. Celui-ci nous connaît bien, nous et notre petite famille, dont il n'oublie jamais de prendre des nouvelles. Il nous met en confiance, à tel point qu'on se laisse aller à des confidences qu'il gardera pour lui, secret médical oblige. Si on est atteint d'un mal incurable, il nous l'annoncera avec ménagement.

Tous les nôtres ont confiance en lui, en ses paroles rassurantes et en ses pouvoirs que nous souhaitons magiques. Nos enfants, qui le prennent pour Superman, se font offrir une panoplie de docteur pour Noël. Chez le médecin, on se sent tout petit, on est presque gêné d'être malade. Mais quand on va chez le docteur, ou « au docteur » comme on dit dans la France du terroir, on est prêt (ou presque, n'exagérons rien !) à tout entendre, la vérité nous semble plus accessible, et la maladie plus « partagée ». Et quand on a la chance d'être en bonne santé, il arrive que ça nous chatouille, alors on va voir le docteur Knock, qui nous soignera illico, entre deux éclats de rire. Mais si ça nous gratouille, il ne nous restera plus qu'à trouver un médecin, dermatologue de préférence.

Obsèques ou enterrement

Notre dernier voyage sera-t-il grandiose ou discret ? Peu nous importe, nous le ferons « à l'insu de notre plein gré ». Bien sûr, les obsèques flatteraient notre ego posthume, avec leur pompe, leur procession et leurs couronnes de regrets éternels. Car il y a du spectaculaire (et de l'obséquieux) dans les obsèques, qui vibrent de toccatas et de requiems, d'éloges et d'oraisons funèbres. Faussement intimes, elles attirent les foules d'amis (que le défunt connaissait à peine) et de badauds, tous attristés. Le modeste optera pour l'enterrement, cérémonie plus discrète, mais ô combien biblique : « Souviens-toi que tu es poussière et que tu redeviendras poussière » (*Genèse, III, 19*). Seuls les proches accompagnent le défunt jusqu'au caveau familial, on prie en silence, on dépose un bouquet de fleurs. Et c'est tout. Puisque, comme Brassens, je souhaite « quitter la vie à reculons », je prends mon temps, j'hésite encore entre obsèques et enterrement. D'autant plus qu'une troisième alternative rend le choix encore plus difficile : quid de la crémation ?

« Pas de mariage sans larmes,
pas d'enterrement sans rires. »
Proverbe italien

Parodie ou pastiche

La parodie est une imitation caricaturale d'une œuvre littéraire ou artistique. Celui qui la pratique est un farceur. Il fait d'abord ses classes à l'école, où il amuse la galerie en reproduisant les tics langagiers du prof de maths. Plus tard, il participe aux *Guignols de l'info*. S'il est poète comme Jacques Prévert, il ose s'en prendre au *Pater Noster*: «Notre Père qui êtes aux cieux, restez-y. Et nous nous resterons sur la terre qui est quelquefois si jolie.» Parodie appréciée par le bon Dieu qui, le pauvre, ne rit pas tous les jours. Et puis il y a *La Joconde*, que Marcel Duchamp a affublée d'une moustache et d'une barbiche en 1919. En parodiant ainsi *Mona Lisa*, ce dernier a ouvert la voie à de nombreux peintres qui, eux aussi, «ont osé» (Salvador Dali, Andy Warhol, Botero, entre autres). Le pastiche, de l'italien *pasticcio*, imbroglio, est l'art de reproduire le style d'un peintre ou d'un écrivain. Picasso a copié *Le Garçon à la pipe* de Gauguin, et ses *Ménines* sont un pastiche de celles de Velasquez. En littérature, celui qui pastiche écrit «à la manière de» pour rendre hommage à un écrivain ou pour se moquer gentiment de lui. Rabelais, La Fontaine, La Bruyère, Rimbaud, les Oulipiens, et j'en passe, s'y sont tous mis. Parfois, le pasticheur est pastiché, c'est ce qui est arrivé à Marivaux, pasticheur de *L'Iliade* d'Homère, et dont *La Vie de Marianne* a été pastichée par Crébillon. Une chose est sûre: une croûte ne sera jamais pastichée. Un navet non plus. Car le pastiche, comme la parodie, ne fréquente que les grands.

Tisane ou infusion

« Et une verveine infusion, une ! » Et vlan ! Maintenant tout le café va croire que vous êtes fragile parce que vous buvez de l'infusion. Il ne pouvait pas se taire, le garçon ? Parce que commander une infusion de verveine, ça fait moins viril qu'un verre de liqueur du même nom, ça fait petite nature. D'ailleurs, le voilà qui revient avec votre commande : un petit sachet avec une petite étiquette accrochée à une petite ficelle, une petite théière, tout ça sur un petit plateau. De quoi vous donner mauvaise mine même si vous êtes en forme. Pourtant, vous n'avez pas tort d'arroser votre soirée avec cette eau chaude légèrement parfumée. L'idéal serait de vous offrir une infusion dans les règles, avec des feuilles bien choisies et bien séchées sur lesquelles on verse de l'eau bouillante. Et on laisse infuser tout ça. Cette recette est vieille comme le monde ou presque : dans la Grèce antique, Hippocrate faisait travailler ses étudiants sur les vertus curatives des plantes. Et ces mêmes plantes garnissaient les « jardins de simples » qui entouraient les monastères au Moyen Âge. Aujourd'hui, évitez de vous servir dans le Jardin des Plantes, allez plutôt dans une herboristerie. Et si on vous dit qu'une infusion, c'est ringard, répondez que la bière en est bel et bien une : c'est une infusion d'orge germé. Ça vous permettra de boire en paix.

Les puristes vous diront qu'il ne faut pas confondre infusion et tisane. Cette dernière englobe plusieurs procédés en plus de l'infusion, à savoir la macération, la décoction. C'est grâce aux tisanes que les Romains et les Grecs se soignaient, suivis plus tard par les apothicaires moyenâgeux qui gardaient jalousement leurs recettes secrètes. Aujourd'hui, le mot « tisane » est moins usité, il véhicule une image vieillotte et rustique d'une boisson concoctée par une grand-mère. Dans les campagnes autrefois, les gens avaient droit à « une petite tisane » avant d'aller se coucher. En Angleterre, c'est plutôt le « nightcap » (le dernier verre) qu'on propose... Et comme vous connaissez le code des bienséances, sachez que, alors que le repas est terminé depuis des heures, si la maîtresse de maison vous propose « Qui prendra une infusion ? », cela signifie qu'il se fait tard et qu'elle aimerait vous mettre dehors. Acceptez donc une infusion et buvez la sans attendre qu'elle infuse.

infus

Contenter ou satisfaire

Contenter signifie rendre content. Mais encore : je donne à la personne ce qu'elle souhaite avoir et qu'elle attend de moi. Malheureusement, la plupart des gens sont difficiles à contenter. Et comme ils ne peuvent avoir le beurre et l'argent du beurre, ils ne sont jamais contents. D'autres, plus raisonnables, se contentent de peu. Leur devise est : « Faute de grives, on mange des merles. » Quel plaisir de les inviter même si on ne sait pas cuisiner ! Ils nous remercient avec quelques vers de la chanson pour *L'Auvergnat* (Georges Brassens) : « Ce n'était rien qu'un feu de bois, mais il m'avait chauffé le corps, et dans mon âme il brûle encore à la manière d'un feu de joie. » Car chez nous ils ont leur content de nourriture et d'amitié. Satisfaire les besoins alimentaires de quelqu'un, c'est la moindre des choses. Satisfaire sa générosité, c'est bien aussi. Mais, d'après ce que disent les philosophes du Café du Commerce, quand on veut satisfaire ses désirs à tout prix, on devient insatisfait. De là à se faire rembourser comme les slogans publicitaires nous y invitent… Quand un prof est satisfait du travail de son élève, celui-ci est content. Il a rempli son contrat, sans

satisfa

plus. Et si une dissertation est seulement satisfaisante, elle ne mérite pas de compliments, elle est seulement conforme à ce qui était souhaité. Autrefois, l'élève avait droit à un satisfecit, mais comme il ne sait plus ce que ce mot veut dire, on n'en parle plus. Il a réussi et découvre l'autosatisfaction. Mais attention danger ! Car comme il est content de lui, il se contentera du moindre effort, sans comprendre le « Peut mieux faire » du prof qui n'est jamais content. Espérons que, quand il aura notre âge, il fera comme nous, il essaiera au moins de satisfaire sa curiosité. Et tout le monde sera content.

« La véritable richesse consiste
à se satisfaire de peu. »
Fra Angelico

Charabia ou charivari

Le charabia, c'est ce qu'on nous dit et qu'on ne comprend pas. L'origine de ce mot est aussi obscure (arabe pour les uns, auvergnate pour les autres) que son contenu. Si le charabia est incompréhensible, c'est souvent à cause d'un énoncé trop technique, genre théorie de la relativité d'après laquelle « si on multiplie la masse m d'un corps par la constante physique c (qui représente la vitesse de la lumière dans le vide) au carré, on obtient une énergie ». E=mc2, c'est du charabia. Même pour Einstein, qui tire la langue sur une photo célèbre. Le charabia, c'est aussi ce baragouin qui irrite les profs, démunis devant des théorèmes revus et corrigés par des cancres, ou devant des versions latines qui n'ont pas de sens. Qui dit charabia collectif dit charivari : même la table de multiplication par 2, hurlée en chœur par des gamins qui se croient à la récré, peut donner la migraine. Car autrefois charivari signifiait « mal de tête ». Au Moyen Âge, il décrivait le vacarme occasionné par des casseroles et des chaudrons sur lesquels la foule tapait en signe de désapprobation : ni slogans ni poings levés, on allait crier sous les fenêtres de la veuve qui allait se remarier ou du vieux barbon qui courtisait une jeune fille. Aujourd'hui, tout est permis. Le charivari du temps de Lothaire et Hildebert n'est plus réprobateur : il est devenu moyen d'expression. Et il s'appelle décibels.

Gourmand ou gourmet

Tous les deux se mettent à table, mais la similitude s'arrête là. Le gourmand s'empiffre et se gave. Il bouffe, tout simplement. Qu'importent la vaisselle, les chandeliers ou les bouquets disposés sur la nappe brodée, seul le contenu de son assiette l'intéresse. Avec un faible pour le cassoulet et la choucroute bien garnie. Et tant pis pour les taches ! À chaque repas, il rejoue *La Grande Bouffe* de Ferreri. Et puis il y a le gourmet, dont le film favori serait plutôt *Le Festin de Babette*. Pour le gourmet, le repas est un plaisir qu'il déguste et savoure en vous complimentant sur la beauté de votre composition florale et la délicatesse de vos assiettes. Il préfère le consommé à la soupe et les ortolans à la tête de veau. Véritable esthète, il se régale de la sommité de coriandre qui donne un goût si délicat à la farandole de légumes. Et il n'aura pas besoin de faire la sieste après le repas. La langue française est parfois vacharde, qui voue le gourmet au célibat lexical car il n'existe pas de gourmette pour feuilleter avec lui le dernier Gault et Millau. Cette absence de féminin le condamne aux repas en solitaire. Il y a des jours où il aimerait être Clochard, pour partager un spaghetti, les yeux dans les yeux avec sa Belle... Contrairement au gourmand qui trouvera toujours une gourmande pour faire ripaille avec lui.

« Les véritables gourmands sont rares
comme les hommes de génie. »
Guy de Maupassant

Houlette ou férule

Pour expliquer la différence entre ces deux mots, il n'y a rien de tel qu'une histoire. Rappelez-vous le mois de juillet dernier. Une chaleur à ne pas mettre un Parisien dehors. Vous suez à grosses gouttes sous la férule de votre inspecteur des impôts, qui vous a trouvé, au moment où vous bouclez vos valises pour partir à La Grande-Motte, 45 euros que vous aviez oublié de porter dans la colonne XY de votre déclaration. Pendant ce temps, votre femme est déjà sur la plage, à muscler ses bras et raffermir ses fessiers sous la houlette d'un gentil organisateur bronzé. La voilà, la différence. La houlette est une variante du bâton de berger. Avant d'être une métaphore, elle était une sorte de canne à la crosse recourbée qui permettait au berger d'attraper ses brebis par le cou pour les remettre dans le droit chemin. Brebis galeuses ou seulement égarées, c'est ainsi qu'elles rejoignaient le troupeau. Sans violence mais avec efficacité. Et la houlette est devenue emblème de commandement. Celui qui est « sous la houlette » est guidé, il obéit. Comme votre femme, docile devant son prof de gym. La férule est l'outil de l'autorité, voire de la sanction. Son origine est botanique : c'est avec la plante du même nom que les instituteurs tapaient sur les doigts des écoliers qui ne savaient même pas décliner *rosa, rosa, rosam*.

férule

Et si, en plus, les enfants ne savaient pas combien font 2 fois 2, ils avaient droit à une version plus sophistiquée de la férule : la tablette en bois ou en cuir, qui les empêchait d'écrire pendant une semaine. L'école n'est plus ce qu'elle était, et les maîtres ne punissent plus, de peur de tomber sous la férule des parents. Car la férule fait encore peur, vous en avez fait les frais avec votre déclaration de revenus incomplète. Ceux qui en usent et en abusent, ce sont les patrons, les huissiers, les adjudants et les belles-mères. Quand on est sous leur férule, on n'en mène pas large. Car la sanction est proche. Il y a des bâtons qui ne font jamais mal, ce sont la baguette du chef d'orchestre et la perche du funambule. Et, bien sûr, la canne de Charlot.

Magicien ou prestidigitateur

Ils mènent tous les deux le même combat contre le rationnel et le prévisible. Ceci pour le plus grand plaisir du public qui, une fois n'est pas coutume, aime être trompé. Le magicien, dont l'ancêtre était Merlin l'Enchanteur, a un pouvoir magique sur les choses qui lui obéissent, et parfois sur les gens qu'il... enchante. Dans une atmosphère théâtrale, il choisit sa musique, sa technique et ses accessoires pour transformer le réel et leurrer les sens du spectateur. S'il est brillant, s'il arrive à lui faire prendre des vessies pour des lanternes, c'est « embarquement immédiat ». Quand les enfants sont conquis, ils s'exclament : « Trop fort ! C'est magique ! » Pour les adultes, c'est plutôt : « Y a un truc. » Le magicien a effectivement un truc, mais il ne divulguera jamais son secret. Car il est marchand de rêves. Le prestidigitateur, appelé aussi illusionniste, porte bien son nom. Il utilise des techniques manuelles qui le font jongler avec des cartes ou des pièces à une rapidité telle que tout le monde est piégé. Il arrive que ses mains bougent plus vite que ses yeux ! D'après l'étymologie même du mot prestidigitateur (du latin *digitus* : doigt), celui qui souffre de polyarthrite rhumatoïde n'a plus qu'à changer de métier. Qu'ils soient évidents ou alambiqués, ces tours de magie dérangent nos esprits cartésiens, et c'est pour ça qu'on les applaudit. Sauf s'ils sont l'œuvre d'individus maléfiques : car entre le magicien (ou le prestidigitateur) et le sorcier, il n'y a pas photo. C'est le jour et la nuit. Comme le sorcier a, paraît-il, fait un pacte avec le diable, il pratique la magie noire pour accomplir le mal. La sorcière, son associée, est aussi malveillante, avec sa verrue sur le nez et sa pomme trop rouge dans ses doigts crochus. Un tel portrait est abracadabrantesque.

> « Rien n'est miraculeux.
> Si l'on apprend ce que sait le magicien,
> il n'y a plus de magie. »
> Richard Bach

Conter ou raconter

Ces deux verbes ont un passé commun : ils ont renié leur ancêtre latin *computare*, qui signifiait compter car ils préféraient les belles histoires aux chiffres. S'ils sont restés très proches, chacun a son rôle bien défini. Si on demande au témoin assermenté de dire la vérité toute la vérité, il raconte ce qu'il a vu. Et si votre fils vient d'emboutir le pare-choc de votre voiture, il a intérêt à vous raconter comment ça s'est passé. Car il y a du sérieux dans ce qu'on raconte. Qu'on soit au tribunal, en face de son papa ou devant le conseil de discipline, on s'en tient aux faits. Qu'on invente ou pas, il faut que ça ait l'air vrai. Même si on raconte des salades. Parce que raconter, c'est l'art de convaincre. Conter, c'est plus léger. C'est embarquer l'interlocuteur dans ce que notre imagination a façonné. Le conteur crée un climat, il joue avec sa voix, il théâtralise, et le charme opère. Comme lors de ces veillées du bon vieux temps quand il n'y avait pas la télé. Mais évitons de conter des sornettes à une dame, ça fait ringard. Amusée mais pas dupe, elle nous répondrait avec ces mots d'un autre âge : « Cher ami, que me contez-vous là ? » Vous n'aurez pas plus de succès si vous lui contez fleurette. On n'est plus au XVIIe siècle ! Faites comme moi, ne vous en laissez jamais conter ! Mais si vous avez des choses à dire, n'hésitez pas, racontez tout ce que vous voulez ! En espérant qu'on vous croira.

Abstinence ou jeûne

Laquelle de ces deux pratiques est la plus séduisante ? Ceux qui aiment la vie ont du mal à répondre. Abstinence signifie privation de certains plaisirs. Si elle est alimentaire, j'ai envie de l'appeler « régime », qui remplace une entrecôte par un steak de soja et une Heineken par une bière sans alcool. Sexuelle, elle est une punition que l'on s'inflige à soi-même. Quelle drôle d'idée... Le jeûne est la privation totale et volontaire de nourriture qui, pour les chrétiens, permet la rencontre avec Dieu. Même credo chez les musulmans, qui font du jeûne du ramadan le 4e pilier de l'islam. Car quand on ne mange pas, on met son corps à la diète, et son âme aussi. Cette famine voulue par esprit de mortification, les quelque trois millions d'êtres humains qui meurent de faim chaque année dans le monde ont du mal à la comprendre. Pour eux, ce choix de jeûner parce qu'on le veut bien est presque indécent...

« Usez, n'abusez pas ; ni l'abstinence,
ni l'excès ne rendent un homme heureux. »
Voltaire

Aimer ou adorer

Dutronc aime « les filles des magazines », les enfants aiment « la galette quand elle est bien faite » et Toto n'aime pas la soupe. Pour ma part, j'aime les dimanches chez ma belle-mère et je n'aime pas rester sans rien faire. Car ce verbe aimer, on le met à toutes les sauces. Parfois, on en modère le sens avec un adverbe : si je dis que « j'aime bien » la nouvelle coupe de cheveux de mon épouse dont le coiffeur vient de massacrer les boucles, ça ne m'engage pas. Même chose pour l'écharpe à carreaux qu'on vient de m'offrir. Quand on aime bien quelque chose, on est poli. Et cette jeune fille, si vous croyez la rassurer avec un « je t'aime bien », offrez-lui des mouchoirs. Si on aime beaucoup, c'est mieux. Et si on aime d'amour tout court, on ne le claironne pas. Ou alors on fait comme Chimène (*Le Cid*, III, 4) : « Va, je ne te hais point. » Mais il n'y a bien que Rodrigue pour se contenter d'une litote ! Adorer, c'est aimer en grand. C'est idolâtrer. Ça a un côté cornélien : « Vous que de tout mon cœur j'ai toujours adorée » (*Théodore*, III, 3). Ou biblique, car Moïse s'est mis en colère quand il a trouvé les Hébreux en train d'adorer un veau d'or. Être en adoration devant quelqu'un signifie l'aimer d'un amour passionné. Ce qui n'est pas toujours confortable pour celui qu'on adore car il peut se sentir piégé. Et que dire de ces adjectifs difformants que sont «aimable» et «adorable»? Ils ne parlent pas d'amour. Si une personne est aimable, elle est agréable, sans plus. Si elle est adorable, ce n'est pas suffisant pour qu'on l'adore. Alors puisque les anomalies de la langue française sont nombreuses, faites comme moi, acceptez les tics des passionnés qui «adooorent» un jeune chanteur qui monte. Et elle, si vous ne savez pas comment lui dire que vous l'aimez, empruntez le «Ti voglio bene» aux Italiens. Je suis sûr qu'elle comprendra.

Acteur ou comédien

Quand un enfant fait semblant d'avoir mal au ventre pour éviter d'aller chez sa grand-mère, on le traite de comédien. S'il joue bien son rôle et s'il se roule par terre, il n'est plus que douleur et péritonite foudroyante. Du grand art. Ses parents, pas dupes, sont très fiers de lui : « Tu seras comédien, mon fils ! » Car le comédien est le champion du dédoublement de personnalité : il abandonne ce qu'il est pour composer un personnage. Il devient autre. Louis Jouvet, qui savait de quoi il parlait, disait que « L'acteur habite un personnage, le comédien est habité par lui ». C'est pourquoi ce petit garçon qui interprète déjà si bien le malade imaginaire deviendra pensionnaire de la Comédie-Française. Où il interprètera tantôt des comédies, tantôt des tragédies. En incarnant plusieurs rôles, il aura plusieurs identités et plusieurs vies. Il ne sera jamais seul. Souvent autodidacte, l'acteur de cinéma n'a pas fait ses classes à l'Actors Studio, ni dans un conservatoire d'art dramatique. Il a été repéré dans la rue ou dans une boutique, et puis son talent et son charisme font le reste. Qu'il soit beau comme un dieu ou qu'il ait « une gueule », il faut qu'il crève l'écran. Car tout acteur qui se respecte se doit d'être une star. Contrairement au comédien, il ne devient pas son personnage, il le fabrique à partir de son histoire, de sa sensibilité, « de son vécu », comme disent les psys. C'est pour ça que, d'après le même Louis Jouvet, l'acteur ne peut pas endosser tous les rôles car il en déformerait certains. On devine le scénario de cette catastrophe en trois actes : il n'arriverait pas à se mettre dans la peau du personnage, il ferait un bide, et il serait privé de tapis rouge, de standing ovation et de statuette.

« L'acteur, sur scène, joue à être un autre,
devant une réunion de gens qui jouent
à le prendre pour un autre. »
Jorge Luis Borges

store

Store ou volet

Le store est une ode à la pudeur car à l'instar d'un vêtement qui préserve l'intimité de notre corps, il protège notre maison de ces regards qui sont toujours indiscrets. Qu'il soit en tissu ou à lamelles, il nous met à l'abri des curieux. On peut se promener dans son appartement sans chemise sans pantalon, sans feuille de vigne sans paréo. On ne se sent pas prisonniers pour autant car on peut voir sans être vus. Déployé au-dessus d'une terrasse, il nous met à l'abri des coups de soleil. Rigide et opaque, le volet fait office d'écran total. Le jour, il éloigne les rayons ultraviolets. Et c'est lui qui, la nuit, nous garantit le noir absolu. Grâce à lui, on dort bien et on fait des rêves « triés sur le volet ». Mais le volet est l'ennemi de ceux qui ont peur du noir et qui se croient dans un tombeau. D'où ces motifs en forme de cœur découpés dans les vantaux, qui laissent passer un peu de lumière. Grâce à eux, on peut faire un vœu si on voit une étoile filante.

« L'homme a ce choix : laisser entrer la lumière ou garder les volets fermés. »
Henry Miller

Peur ou phobie

Si vous avez peur de rater le RER de 8h15, d'arriver en retard à votre entretien d'embauche et de vous retrouver au chômage, je vous rassure: vous êtes tout à fait normal. Car la peur est ce qu'on éprouve en face d'un problème ou d'une situation inconfortable. Comme la vie n'est pas un long fleuve tranquille, la peur du danger peut nous doper d'une poussée d'adrénaline: c'est parce qu'on a peur de rater son train qu'on ne le ratera pas, car on va se mettre à courir comme un dératé (!) jusqu'à la gare. Si elle est répétitive, la peur devient phobie et seul un psy peut nous aider. Sauf si on souffre de latrophobie (phobie des médecins). Dès que maman n'est plus là pour le rassurer, l'enfant a peur. Du loup, des monstres, du chien du voisin, du noir, etc. Si vous lui dites: « C'est bien d'avoir peur, mon petit, ça va t'aider à devenir un grand garçon », ne vous étonnez pas qu'il refuse de grandir. Installez plutôt une veilleuse dans sa chambre. Et quand il croisera le pitbull du voisin, le mantra « Même pas peur » devrait l'aider. Il ne deviendra donc ni nyctophobe ni cynophobe. Et vous, quelle phobie vous guette? L'algophobie (phobie de la douleur) ou la pantophobie (phobie de tout)? Si vous souffrez de phobophobie, vous avez peur d'avoir peur. Ça vous rend psychopathophobe car c'est de devenir fou que vous avez peur. Je ne vous parlerai pas des phobies que mon psy a répertoriées, je me contenterai de mentionner celle que je n'ai pas: la leucosélophobie, qui est la phobie de la page blanche.

Faire ses bagages ou faire ses valises

Qu'il soit singulier ou pluriel, le mot « bagage » décrit la panoplie complète du voyageur. On fait ses bagages quand on a prévu d'aller loin : à Katmandou pour y faire brûler de l'encens déguisés en hippies, à Rome pour y faire du scooter avec Audrey Hepburn, ou à Capri pour s'assurer que c'est fini. Jacques Brel n'a pas eu besoin de bagages quand il est allé à Vierzon en passant par Vesoul, sa secrétaire a probablement dit à ceux qui le cherchaient : « Il est en déplacement. Il est en train de faire sa valise. Il revient demain. » En effet, si on fait sa valise c'est qu'on ne va pas loin. Et qu'on sera bientôt de retour. Quand madame retourne chez sa mère, elle ne vide pas son armoire, elle met le minimum dans une petite valise ou deux. Elle viendra éventuellement chercher le reste si la crise dure. À ce sujet, il est amusant de préciser que quand on plie bagage on fait ses valises. Les bagages, ça fait rêver à l'« Ailleurs », parce que « Là, tout n'est qu'ordre et beauté, Luxe, calme et volupté » (Charles Baudelaire, *L'Invitation au voyage*). Et comme un beau voyage mérite mieux qu'un vulgaire sac à dos : c'est à la Bagagerie et non pas à la Valiserie qu'on choisit ses bagages. Exigeante, madame veille à assortir son vanity case à son sac. La panoplie du militaire en mission est plus complète car il part avec armes et bagages. Pour faire transporter ses bagages, on demande les services d'un bagagiste, qui est le porte-bagages des aéroports. Mais si vous êtes en pleine mouise psychologique et que vous traînez des valises émotionnelles, ce dernier ne pourra rien pour vous. Et si on juge votre bagage intellectuel trop léger, vous ne risquez pas d'être pénalisé ! Pour une fois que vous pourrez faire des envieux... Celui qui voit grand voyage avec une malle cabine. S'il va seulement au coin de la rue pour une escapade de quelques heures, le baise-en-ville suffira. Tout petit, mais au pouvoir évocateur immense.

« Le vrai voyageur ne sait pas où il va. »
Proverbe chinois

Déficient ou défectueux

Ces deux adjectifs sont une illustration parfaite du dicton : « La perfection n'est pas de ce monde. » Ce qui est déficient est insuffisant sur le plan quantitatif. Et ce n'est pas parce qu'on a bon pied, bon œil aujourd'hui qu'on ne souffrira pas de déficience musculaire ou oculaire demain... Le chat Raminagrobis (La Fontaine, *Le Chat, la Belette, le Petit Lapin*) souffre de déficience auditive : « Approchez, je suis sourd, les ans en sont la cause », tout comme Bernardo, le serviteur de Zorro, qui est muet, en plus. Et quand elle a « la mémoire qui flanche », c'est une déficience cognitive que Jeanne Moreau imagine (*Jules et Jim*). Personne n'est parfait, même pas les rois : l'histoire de France nous parle de Sigibert le Boiteux (485-508), de Philippe Auguste le Borgne (1165-1223) et de Charles VI (1368-1422), atteint de déficience mentale. Ce qui est défectueux présente des... défauts. S'il s'agit d'un objet ou d'un appareil en mauvais état, on essaie de le réparer ou de le remplacer. En faisant jouer la garantie si le lave-vaisselle ne lave rien ou si la tondeuse à gazon ne veut pas tondre. Quand nos organes sont défectueux, notre bulletin de santé peut être aussi affolant que celui de Gaston Ouvrard (*Je ne suis pas bien portant*, 1932) : « J'ai la rate qui se dilate, j'ai le foie qu'est pas droit... » Aujourd'hui, les chirurgiens talentueux pourraient sauver le chanteur. À l'aide d'implants, de prothèses, de stents, en Dacron ou en Téflon, autant de mots hermétiques pour ceux qui « ne sont pas passés par là ». Grâce à ces virtuoses du bloc opératoire, l'impossible devient possible, le « condamné » est sauvé. Parce qu'un cœur, ça se greffe. Les mains aussi. Pour le cerveau, il faut attendre un peu.

« Une déficience est souvent un don. »
Graham Greene

Se laver ou faire sa toilette

Si on se prend pour Oliver Mellors, le garde-chasse de Lady Chatterley, on se lave dans une clairière, à l'eau froide. On s'asperge le torse, on frotte, on récure avec une efficacité virile. Pendant que madame fait sa toilette dans une abondance de sels de bains et d'onguents, de crèmes et de flacons. On se lave parce qu'on est sales. Parce qu'on vient de faire un match de foot ou une course d'enduro dans la boue. On lave aussi ses vêtements souillés, en mettant notre machine sur cycle long. L'opération peut se faire en cachette, on n'est pas obligés de laver son linge sale en famille. Ce n'est pas par nécessité qu'on fait sa toilette, c'est pour se faire du bien, pour se préparer. Il y a un côté préméditation qui implique qu'on veut plaire, qu'on veut « être la plus belle pour aller danser ». Mais il y a une anomalie sémantique autour de ce mot, le « toilettage » étant réservé aux animaux. Pas aux éléphants, qui adorent se laver dans la boue, mais au chien-chien-à-sa-mémère qui se fait toiletter, avant d'inaugurer son petit manteau. Ne dénigrons pas le lavage car, si brut soit-il, il a une connotation biblique. Quand Jésus lave les pieds de ses disciples, c'est leur cœur qu'il purifie. Et puis, mes bien chers frères, sachez que, par le sacrement de confession, on est lavés de nos péchés. Car le lavage est *principale* comme on dit en latin. Et la toilette *accessorium*.

Caractère ou tempérament

D'après le postulat suivant, le tempérament est inné et le caractère acquis. Autrement dit, mon tempérament, c'est l'ensemble de mes dispositions et de mes dons, c'est la manière dont je me comporte vis-à-vis des autres. Question de gènes. Le caractère (du grec ancien qui signifie « empreinte ») définit la façon d'agir et les dispositions propres à chacun. Je me souviens de mes cours de philo où j'avais du mal à me situer : étais-je émotif-actif-primaire ou non émotif-non actif-secondaire ? On parle de caractère passionné, sentimental, mou, etc. Car sachez-le, on ne naît pas apathique, on le devient. Et que dire du caractère de cochon ? Loin de définir les travers du porc, il s'applique à ces peaux de vache qui nous font souvent tourner en bourrique. Et qui illustrent ainsi notre bestiaire relationnel. Je connais un Mr. Machin qui a mauvais caractère. Il faut avoir un bon tempérament pour le supporter. Heureusement, sa femme ne se laisse pas faire car elle a du caractère. Et en plus, d'après les voisins, elle a du tempérament. On ne s'ennuie donc jamais avec elle.

« Mieux vaut un mauvais caractère
que pas de caractère du tout. »
Georges Bernanos

Magasin ou boutique

Alors qu'au Moyen Âge le magasin était seulement un entrepôt, la boutique était le lieu où le marchand ou l'artisan vendait sa marchandise. Généralement petite, dépourvue de vitrine, elle disposait seulement d'un petit étalage où étaient placés les objets. Et quand le marchand n'avait plus rien à vendre, il pliait boutique. Les rues étaient bordées de ces boutiques (ou échoppes) dont chacune était consacrée à un savoir-faire: cordonnier, horloger, ferblantier... Les artisans travaillaient dans l'arrière-boutique, appelée « ouvroir ». Le temps a passé, mais le charme demeure. Car la boutique d'aujourd'hui offre ce joyeux méli-mélo d'objets entassés qui a inspiré Prévert (*Inventaire*). Si elle est située dans une rue piétonne, flanquée d'autres boutiques aussi charmantes, elle appâte nos épouses et nous laisse sur le pavé car, avec ses bijoux et ses babioles, elle est « interdite aux hommes ». Au sommet de la hiérarchie, il y a la boutique de luxe. Dans laquelle on est les bienvenus, et nos cartes bancaires aussi. Plus la boutique est chic, plus les vitrines sont sobres et moins les hôtesses sont accueillantes. Le magasin aussi a évolué, il fait souvent travailler une famille entière. S'il est situé dans une petite ville ou en zone rurale, on y trouve tous les produits de première nécessité, qu'il s'agisse de conserves, de bière ou de pantoufles. Mais pas de porcelaine, à cause des éléphants. Ce magasin est en tout petit ce que les grands magasins (apparus au XIXe siècle) sont en très grand. Et puis il y a plus grand encore : il y a les grandes surfaces, qui, comme leur nom l'indique, sont des véritables villes à l'extérieur des villes. Elles attirent les foules qui passent des journées entières dans ces mégalopoles de la consommation, à faire les magasins et à courir les boutiques. À « magasiner », comme disent les Québécois.

Ballade ou balade

Ces deux mots sont une anomalie dans ce recueil car c'est leur sens qui est différent. Leur prononciation est identique, d'où leur nom d'homophones. La ballade était un poème très en vogue au Moyen Âge, rejeté sous la Renaissance, pour revenir ensuite sous la forme de chanson populaire que certains de nous connaissent aujourd'hui. Au XVIIe siècle, elle n'était pas très appréciée : « La ballade, à mon goût, est une chose fade » (Molière, *Les Femmes savantes.* Acte III, scène 5). Réhabilitée par Goethe et Schiller, puis, au XIXe siècle, par Apollinaire et Baudelaire, elle fait aujourd'hui partie de notre patrimoine culturel que nos professeurs de français ont nourri. On a tous en mémoire les premiers vers de *La Ballade des pendus* (François Villon). Et on a sûrement fredonné avec Brassens « Mais où sont les neiges d'antan ? » (*Ballade des dames du temps jadis*). Dotée d'une autre orthographe, la balade était à l'origine un poème chanté par des saltimbanques qui se déplaçaient sans but pour demander l'aumône. Elle est aujourd'hui une flânerie. Quant à celui qui aime se balader, c'est un... baladeur. Appelons-le promeneur, ça fera moins sourire. Et puis, qu'elle soit longue ou petite, une balade est toujours belle. Sinon elle ressemble au parcours du combattant. Le baladin, espèce menacée, était danseur, ménestrel ou comédien ambulant. Quand il chantait, il y avait des ballades dans son répertoire, d'où la chanson de Gilbert Bécaud *La Ballade des baladins.* Maintenant que les baladins sont partis, les jeunes ne se baladent plus. Ils traînent. Ils n'écoutent plus de ballades mais des *best of.* Et ce baladeur vissé sur leurs oreilles, si j'osais, je l'enverrais balader.

« Je me balade dans la vie sans me faire de souci.
Une seule chanson suffit
pour que les femmes soient jolies. »
Henri Salvador

balad

Soupe ou potage

Tout change, même les comportements alimentaires. Et si aujourd'hui Béatrice de Montmirail servait un potage à son ancêtre Godefroy, celui-ci resterait sur sa faim. Car il était habitué à un plat roboratif: au Moyen Âge, la soupe désignait la tranche de pain sur laquelle on versait le bouillon. On a ensuite appelé soupe le liquide lui-même, alourdi de légumes, voire de morceaux de viande ou de lard. Voilà probablement de quoi alimenter le *Repas de paysans* peint par Louis Le Nain (XVIIe siècle). Passée à la postérité, la soupe continue de rebuter nos enfants qui essaient en vain de résister à l'injonction: «Mange ta soupe!» Je suis sûr qu'ils ont peur d'être traités de «gros plein de soupe» par leurs copains. Le potage est plus léger, plus raffiné. On le déguste plutôt qu'on ne le mange, car ses ingrédients, moins rustiques, ont été émincés ou hachés finement. Qu'il soit coulis, bisque ou julienne, il ne tolère pas les «slurp». C'est lui qui figure aux menus de l'Élysée, servi dans des assiettes de Sèvres. Pourtant, c'est d'une soupe que Giscard d'Estaing se régalait. Comme chacun sait, il aimait s'encanailler. Mais la fameuse soupe VGE concoctée pour lui par Bocuse n'avait rien de rustique: elle était aux truffes. D'où l'expression peut-être présidentielle: «Par ici la bonne soupe!»

«Je vis de bonne soupe, et non de beau langage.»
Molière

Assassinat ou meurtre

Si vous tuez votre épouse parce que vous venez de la surprendre avec le voisin dans le lit conjugal alors que vous la croyiez en train de faire les soldes, vous êtes un meurtrier. Mais comme votre avocat plaidera votre stupéfaction, vous ne finirez pas votre vie à la Santé. Vous serez sauvé par votre « Je ne sais pas ce qui m'a pris. » L'assassinat, c'est comme un meurtre, mais en mieux (si je peux me permettre ce trait d'humour glaçant). Ça se prémédite. Thomas de Quincey était de cet avis, d'où son *De l'assassinat considéré comme un des Beaux-Arts* (1854). Alors que le meurtrier est un apprenti dans le domaine du crime, l'assassin est un artiste, un pro. Alors entre vous, meurtrier de votre femme-à-la-jambe-légère et l'assassin de J.F. Kennedy, il n'y a pas photo. Vous ne tuerez jamais dans la cour des grands car l'assassin est un stratège qui peaufine son acte. Il n'improvise jamais. Avant d'assassiner Henri IV, Ravaillac a pensé à tout. Sauf au châtiment auquel il a eu droit : il a été écartelé, les membres attachés à des chevaux. Cette différence entre meurtre et assassinat, on ne la trouve pas que dans les livres d'histoire ou dans les rubriques Faits divers de nos journaux. Elle est aussi dans notre langage : les guerres sont toujours meurtrières et les œillades assassines ! Bref, le meurtrier n'est qu'un tâcheron et l'assassin un aristo. Conclusion : même dans le crime l'égalité n'existe pas.

Cyclone ou tornade

Le cyclone (appelé ouragan quand il sévit sur l'Atlantique) est un phénomène atmosphérique aux effets ravageurs : il prend naissance dans les eaux tropicales, où ses vents violents accompagnés de pluies torrentielles soulèvent les océans en y faisant jaillir des vagues énormes. Ce phénomène peut durer quelques jours. Parmi les cyclones les plus récents qui ont sévi dans le golfe du Mexique ou la mer des Caraïbes il y a eu, entre autres, Katrina qui s'est abattu sur La Nouvelle-Orléans (août 2005) et Erika qui a dévasté les Petites Antilles (août 2015). Désastres meurtriers qui restent dans les mémoires. Mais pourquoi leur donner des prénoms féminins ? Ne pourrait-on pas tous les appeler Neptune, suivi d'un numéro ? Car c'est lui le coupable, ce dieu romain de la mer… et de la météo. La tornade est encore plus dévastatrice. Ce tourbillon naît dans un nuage (cumulonimbus) et prend la forme d'un entonnoir dont la pointe serait dirigée vers la terre. De durée relativement courte, elle engendre des vents d'une grande violence qui balaient tout. Les ravages qu'elle occasionne sont terribles : les maisons, les églises, les écoles sont détruites et les arbres déracinés. Surtout, elle tue des centaines de personnes chaque année. Une tornade meurtrière s'est abattue sur le

Bangladesh en 1989. Qu'elles s'appellent cyclone ou tornade, ces catastrophes naturelles nous rappellent que la Terre et le Ciel n'en font qu'à leur tête et qu'on est démunis devant un tel danger. Mais même si on ne sait jamais ce qui peut nous tomber dessus, on pense que ces violences météorologiques, « ce n'est pas pour nous ». Quand une nouvelle Lisa ou Wanda fait des ravages, on compatit et on fait un chèque. Et on repart pour un nouveau bras de fer avec les éléments. On va flirter avec les vagues trop hautes en répondant : « Même pas peur ! » aux injonctions de prudence. Et la pluie qui nous inspire, ce n'est pas celle qui tombe pendant quarante jours, c'est celle qui « fait des claquettes sur le trottoir à minuit » (Claude Nougaro) et qui nous fait danser dans les flaques avec Gene Kelly. Car : après nous le déluge.

Boisson ou breuvage

La boisson, c'est un liquide que l'on boit. Ça coule de source. Et la première boisson dont on rêve quand on traverse la vallée de la Mort, c'est l'eau. Que ce soit l'eau qui dort et dont il faut se méfier, ou l'eau ferrugineuse que Bourvil fait semblant de préférer à l'alcool (*Causerie anti-alcoolique*), qu'importe : on a soif. Mais personne ne se contenterait de boire de l'eau, à part ceux qui vivent d'amour et d'eau fraîche. On préfère ces boissons alcoolisées qui, si on en boit plusieurs verres, font dire « Bonjour les dégâts ! » à nos proches. Car on peut faire des bêtises quand on est sous l'emprise de la boisson. C'est pour ça que les boit-sans-soif se retrouvent entre eux, dans un débit de boissons où ils commencent par boire une bonne bière ou un petit apéro… suivi de beaucoup d'autres. Ils rentrent chez eux quand ils ont trop bu. Le breuvage est plus sophistiqué. Sa préparation est plus élaborée que celle de la bière ou du vin. On ne se contente pas de faire fermenter du malt d'orge et du houblon, ou des grains de raisin qu'on a foulés aux pieds. Le breuvage est une boisson concoctée à partir de nombreux ingrédients aux vertus médicales ou curatives. Méfiants, s'abstenir. Pourtant, dans la mythologie grecque, l'ambroisie était le breuvage des dieux. Nous, les humains, on reste prudents car qui dit breuvage dit souvent boisson de sorcière. Tristan et Iseult auraient mieux fait de ne pas se laisser tenter, qui ont bu du breuvage magique : ce philtre d'amour ne leur était pas destiné, et ils en sont morts. Que vous ayez besoin d' un aphrodisiaque pour réveiller vos sens, ou de quelques bulles pour embellir votre soirée, buvez donc du champagne. C'est la boisson du tête-à-tête. Qui, si vous le noyez dans du coca, ne sera rien d'autre qu'un breuvage.

« J'aime la boisson mais pas l'ivresse. »
Louis Scutenaire

vage

Vélo ou bicyclette

Avec son côté aristocratique, la bicyclette donne une fière allure à ses adeptes qui, même en pédalant, ne perdent rien de leur élégance. C'est à bicyclette que les jeunes femmes et leur progéniture se déplacent, tout de bleu vêtues, dans les ruelles de l'île de Ré, entre glycines et roses trémières. Pendant que leurs époux déclament les vers du *Misanthrope* avec le même lyrisme que Luchini (*Alceste à bicyclette*). Et c'est à bicyclette qu'Yves Montand partait sur les chemins avec Paulette, la fille du facteur. Car la promenade à bicyclette n'est que plaisir, contrairement au vélo-qui-fait-souffrir. Le Tour de France à vélo n'a rien d'une balade touristique, même s'il fait voir du pays. Seuls les spectateurs prennent du bon temps : coiffés de leurs casquettes publicitaires, ils s'agglutinent au col de l'Iseran ou au pied du Ventoux pour hurler leurs encouragements. Plaignons les grimpeurs et autres Maillots jaunes, forçats maigrichons en EPO et culotte Lycra qui ne cherchent qu'à améliorer leur coup de pédale pour s'échapper du peloton. À la fin de l'étape, ces stakhanovistes de l'effort ne parlent que de double plateau et de pignon, de fourche et de dérailleur. Et leur rêve prend la forme d'un bouquet énorme offert par une miss en robe jaune. Le vélo-performance, on connaît. C'est lui qui fait mal aux mollets. Mais même les durs ont un cœur tendre : quelle légèreté quand ils pédalent en... danseuse ! On dirait du Folon.

Séraphin ou chérubin

La première fois que j'ai appelé ma femme «mon ange», elle m'a répondu: «Lequel?» C'est elle qui, ne supportant pas l'à peu près, m'a enseigné la hiérarchie céleste: dans la famille des anges, il y a les séraphins, les chérubins, les trônes, les dominations, les puissances, les vertus, les principautés, les archanges et les anges. Et moi qui croyais que l'égalité régnait au ciel... Je ne connaissais que cet ange gardien prénommé Joséphine, spécialiste des dépannages en tous genres, qui ramenait les ados fugueurs à la maison et réparait les couples en péril. Qui étaient donc ces séraphins et autres chérubins? Placés au sommet de la pyramide spirituelle, les séraphins sont les plus proches de Dieu. Les trois paires d'ailes dont Botticcelli les a habillés dans *La Vierge et l'Enfant dans une gloire de séraphins* évitent au béotien de les confondre avec les chérubins. Ces derniers, appelés aussi angelots, sont représentés avec une tête d'enfant et deux ailes. Raphaël les a peints au pied de *La Madone Sixtine*, joufflus, avec un air polisson. Voilà pourquoi on traite volontiers de chérubin un bébé dodu. Même s'il se nomme Séraphin.

«Le ciel est pur, alors qu'ils regardent
sans le voir un grand peuple d'anges bleus.»
Fernand Crommelynck

Boulevard ou avenue

Du néerlandais *bolwerc* (rempart, bastion), le boulevard porte bien son nom car il désignait des avant-postes fortifiés qui entouraient une ville au Moyen-Âge. Les remparts ont perdu leur fonction, jusqu'à devenir un lieu de promenade. D'autres boulevards ont été tracés pour encercler les villes qui grandissaient. Ensuite sont apparus des pléonasmes urbains appelés boulevards de ceinture équipés de radars, portions à péage et de portiques. Et puis il y a d'autres boulevards, sans qui Paris ne serait pas Paris. Lieux de promenade et de divertissement avec leurs musiciens, leurs montreurs d'ours et leurs saltimbanques, les boulevards (XIXe siècle) attiraient les foules. De nombreux théâtres s'y sont installés, où on y jouait des pièces à la portée de tous. D'où le nom de théâtre de boulevard encore en vigueur aujourd'hui. Le boulevard du Temple a été surnommé boulevard du Crime, à cause des meurtres qui s'enchaînaient sur les scènes de théâtre. Le chef-d'œuvre de Marcel Carné (*Les Enfants du paradis*) l'a rendu célèbre aux cinéphiles. Les Grands Boulevards, avec des majuscules, entraînent les touristes dans une flânerie derrière Yves Montand car « Y a tant de choses, tant de choses à voir ». Contrairement au boulevard qui, au début, tournait en rond, l'avenue a toujours su où elle allait : de l'ancien français avenir (arriver), c'est une voie rectiligne par laquelle on arrive quelque part. Aucune prise de risque, rien que de l'évidence. Dans la mythologie grecque, les Champs-Élysées sont une région privilégiée de l'Enfer, réservée aux gens bien. À Paris, ils sont l'avenue elle-même. Quant à ceux qui s'y promènent en dépit des voitures, on ne sait pas s'ils sont vraiment virtueux. D'après les guides de voyage, ce n'est pas la destination de l'avenue qui la rend célèbre, c'est plutôt sa singularité : à New York, 5th Avenue est la plus chère, Broadway la plus (la seule) oblique, les Ramblas de Barcelone sont le paradis des pickpockets, Unter den Linden à Berlin est bordée de beaux arbres et les enfants peuvent y jouer, etc. Rien n'est simple, car entre ces avenues qui ne mènent nulle part et celles qui n'en sont pas, je m'y perds : quid de l'avenue Circulaire qui fait le tour du cimetière du Père-Lachaise et qui se prend ainsi pour un… boulevard ?

« Quand le bon Dieu s'ennuie dans le ciel,
il ouvre la fenêtre et regarde
les boulevards de Paris. »
Heinrich Heine

Pirate ou corsaire

Voilà des mots qui réveillent l'enfant qui sommeille en moi… Dans le langage de tous les petits garçons, le pirate, c'est le méchant, c'est le Capitaine Crochet avec qui Peter Pan a du fil à retordre. Mais il y a pire que lui car les pirates ont toujours existé, et ils sévissent encore. Parmi les plus redoutables, il y a Barbe-Noire (au XVIIIe siècle), et son contemporain Jack Rackham. Et même, parité homme-femme oblige, l'horrible Ching Shih (XIXe siècle), surnommée « la terreur de la Chine du Sud ». Une maîtresse femme qui avait sous son commandement 400 navires pirates. Les pirates n'avaient ni foi ni loi, ils attaquaient et pillaient les navires pour leur propre compte. Jules César lui-même n'a pas été épargné : il fut capturé par des pirates qui l'ont libéré contre rançon. Mais il a retrouvé ses ravisseurs et les a tous massacrés. Dans la famille Pirates, je voudrais… Entre celui qui détourne un avion (pirate de l'air) et celui qui prend le contrôle de notre ordinateur (pirate informatique), on est cernés par ces prédateurs. Il y en a même qui s'approprient la recette de leur voisin pour la commercialiser. Il vaut mieux ne pas traiter un corsaire de pirate, il pourrait mal le prendre. Car c'est en toute légalité qu'un corsaire attaque un navire. Il exerce son activité avec l'autorisation du gouvernement. D'après Surcouf (corsaire né à Saint-Malo en 1773), ça nourrit bien son homme : il est devenu un très riche armateur. Comme les corsaires étaient des durs à cuire, il arrive qu'on parle encore d'eux aujourd'hui : le proverbe « À corsaire, corsaire et demi » est une invitation à la riposte. Mais c'est surtout dans l'imaginaire des enfants qu'ils existent : le Père Noël vous dira que chaque année il distribue des panoplies. Avec sabre et bandeau. À l'abordage !

« Les Anglais sont un peuple de pirates qui,
après avoir pillé le monde,
ont commencé à s'ennuyer. »
Cioran

Corbeille ou panier

Le panier est une corbeille munie d'une anse. Rempli de victuailles, il transporte notre pique-nique soit sur les bords de la Marne (*Le Déjeuner sur l'herbe*, Manet), soit au bureau. Dans ce cas, il devient panier-repas. S'il ne contient que de la laitue et de la batavia, on évite de l'appeler panier à salade, de peur d'aller droit à la case prison. Fuyez les paniers percés qui se disent vos amis et rêvez à ces belles dames du XVe siècle qui portaient des robes à paniers: n'osant pas porter de fourreaux moulants, elles plaçaient une armature en osier sous leurs jupes pour leur donner de l'ampleur. D'où l'expression vulgaire « mettre la main au panier ». La corbeille a été conçue pour recevoir le pain. Au bureau, on la prend pour une poubelle car on y jette le papier si on n'a pas de broyeuse. Garnie de fruits, elle est appétissante surtout si elle est en plastique-imitation-rotin. Remplie de cadeaux, elle est cette corbeille de mariée qu'on place sur la table d'honneur, à côté de la pièce montée. Si, au lieu des verres en cristal, on y a déposé des bons d'achat dans une agence de voyage ou une boutique design, il se peut qu'elle ressemble à un portefeuille. Mais tout évolue, et les objets tressés ne sont plus à la mode.

« C'était rue d'Ménilmontant
Qu'elle étalait son p'tit panier,
Pour attirer les clients
Ell' remuait un peu son panier… »
Bourvil,
Les Crayons

Célèbre ou connu

Il n'est pas donné à tout le monde d'être célèbre, c'est bien connu. Car un individu célèbre n'est pas seulement connu de ses voisins. Il doit sa gloire aux concertos et cantates qu'il a composés, à ses livres qui ont été primés, à ses médailles olympiques dûment gagnées, à ses faits d'armes, que sais-je encore. Et puis il y a l'anonyme, ce monsieur Tout-le-Monde, qui sauve un désespéré de la noyade. Mais comme la célébrité ne vient pas qu'aux héros, elle gagne aussi les voyous et autres « ravagés ». Tous passeront à la postérité, en espérant que Dieu reconnaîtra les siens. Il y a un inconnu célèbre, qu'un grammairien traiterait d'oxymore : il s'agit de ce soldat non identifié qui repose sous l'Arc de triomphe. Célèbre parce qu'il est inconnu. Et parce qu'il représente tous les inconnus morts pour la France. Les gens célèbres, on ne les rencontre pas au supermarché, ni au Camping des Flots Bleus. Sauf si, accompagnés de leurs gardes du corps, ils viennent s'encanailler. Et nous, on est seulement connus des voisins et de la boulangère, qui mettent un nom sur notre visage et prennent des nouvelles de notre famille. Ceux qui nous connaissent et qui nous aiment disent de nous qu'on gagne à être connus, ça fait du bien à notre ego. On commence par être connus dans notre rue, puis dans le quartier, et ainsi de suite. Jusqu'à ce que, à force d'être le monsieur-qui ou la dame-qui, on devienne célèbre. On n'a rien fait de particulier et voilà qu'on nous arrête pour nous demander de poser pour des selfies ou de signer des autographes. Il paraît que je suis connu comme le loup blanc...

Faire des courses ou faire les courses

Retour à l'école : selon que les articles sont définis ou indéfinis, l'histoire n'est pas la même, et notre comportement non plus. Quand notre femme va faire des courses, ce n'est pas pour des raisons alimentaires, et c'est pour ça qu'on tremble. Notre carte bancaire s'affole déjà : on sait qu'elle va craquer pour un tee-shirt trop petit (mais qui taille grand) ou des escarpins trop étroits. Entorse assurée. Et les ventes privées proposées par une boutique de luxe ajoutent à notre angoisse : « Je ne peux pas rater ça, j'ai reçu un carton ! » Elle reviendra chargée de paquets, ravie d'avoir fait des économies. On n'osera rien dire, car « Regarde, chéri ! J'ai pensé à toi ! » : on aura droit à une cravate immettable pour laquelle on sera obligés de la remercier. Mais quand elle va faire les courses, c'est pour nourrir la famille, et on est contents : le frigo sera de nouveau plein, et comme elle va profiter des promotions on peut lui faire confiance pour ne pas grever notre budget. Quitte à ce qu'elle revienne avec une provision de boîtes de raviolis (cinq pour le prix de quatre) et des tonnes de yaourts à consommer immédiatement (la date de péremption est après-demain).

Pour elle, aller au supermarché est une corvée nécessaire. Et puis, comme elle aime les laitues craquantes et les tomates juteuses, elle achète ses légumes au marché. La mâche bon marché est bien meilleure ! De toute façon, en petite ménagère avisée, elle a rédigé sa liste, et elle résiste aux achats superflus. Mais quand elle est à Cavaillon, elle triche : elle adore y faire son marché le nez au vent. Oublié le chariot, bonjour le rituel de la flânerie entre les étals où se mêlent les odeurs et la gaieté. Comment résister au « thym de la garrigue, un peu de safran et un kilo de figues » (Gilbert Bécaud. *Les Marchés de Provence*). Résultat des courses : les courses et le marché, c'est quand on a faim. Le reste, c'est pour le plaisir. Alors, dis-moi ce que tu achètes, je te dirai qui tu es.

Velléitaire ou volontaire

On n'est pas égaux devant l'action. Au bas de l'échelle se trouvent les paresseux, les flemmards qui vivent couchés et qui regardent *Alexandre le bienheureux* en boucle. Il y a ensuite ceux qui nous assomment avec leurs faux projets, genre « Je ne vais pas tarder à », et qui ne font rien. Velléitaires, ils se contentent d'intentions fugitives et de pseudo-décisions qui ne sont que des rêves. Il y a celui qui se voit déjà gardien de but mais qui ne s'inscrit pas à un club de foot, ou celui qui aimerait conduire une voiture mais qui n'a pas encore pris une seule leçon de conduite. Et que dire de ces Tanguy qui vivent encore chez papa-maman ? Indécis, ils sont incapables de prendre le moindre risque. Ils n'agissent donc jamais, de peur d'échouer. Parfois, plus précis dans leur programme, ils remettent au goût du jour la chanson « aujourd'hui peut-être ou alors demain », de Fernandel. Velléitaires et procrastinateurs, ça fait beaucoup. Et puis, il y a les volontaires, à qui la réalité ne fait pas peur et qui agissent intentionnellement. Ils font preuve d'une volonté ferme, voire d'obstination. Pour eux, impossible n'est pas français !, comme disait Napoléon. Et le proverbe « Quand on veut on peut », plein de bon sens, leur convient bien. Ils connaissent le but à atteindre, et savent comment y parvenir. Pour eux, la réussite est une question de volonté. Facile à dire... Mais rien ne les arrête et, s'ils échouent malgré leur bonne volonté, ils recommencent. Cette volonté qui est le moteur de l'action est parfois maltraitée : elle n'est rien d'autre que de la gloutonnerie lorsque les gens se goinfrent devant un buffet à volonté. Mon mot de la fin concerne mes dernières volontés : je ne vais pas tarder à m'en occuper. Aujourd'hui peut-être, ou alors demain. Velléitaire, moi... ?

« Il ne suffit pas de vouloir, il faut aussi agir. »
Goethe

Aquarelle ou gouache

Si vous en avez marre des sports extrêmes et si vous pensez que la peinture, c'est plus de votre âge, commencez par la gouache. Comme il n'est jamais trop tard pour réveiller l'artiste qui sommeille en vous, empruntez quelques tubes à vos petits-enfants et jetez-vous à l'eau. Vous vous épaterez vous-mêmes. La gouache est une peinture à l'eau composée de pigments broyés liés avec de la gomme arabique (issue de la sève d'acacia) et... du miel. Miel d'acacia, pour que ce soit plus homogène ? De châtaigner si on aime les couleurs fortes ? Je l'ignore. Ce que je sais, c'est que la technique de la gouache est facile à maîtriser car elle permet les erreurs : on en remet une couche et le tour est joué. Puis vous pouvez vous enhardir et vous mettre à l'aquarelle. Car vous rêvez de peindre des murets de pierres sèches et des clochers, des géraniums et des glycines. L'aquarelle, c'est plus difficile que la peinture à l'huile de la comptine car on n'a pas le droit à l'erreur. Elle aussi utilise des pigments, mais elle n'a pas de miel dans sa composition. Plus transparente que la gouache, plus exigeante aussi, sa technique est faite de superpositions de couleurs plus ou moins détrempées. Le blanc, c'est le blanc du papier qu'on laisse intact. Et la difficulté vient de la quantité d'eau qu'on utilise. Il arrive que le résultat soit aussi gorgé d'eau que du papier absorbant qui n'absorberait plus. Alors qu' elle rebute les néophytes, l'aquarelle est une technique artistique dans laquelle les plus grands peintres ont excellé. Parmi lesquels Dürer, Turner, Hopper, Francis Bacon, etc. Bravo messieurs !

gouac

Lièvre ou lapin

Le lièvre passe l'automne à courir pour échapper aux coups de fusil. Quand il est pris, il passe à la casserole où, bien arrosé de vin rouge, il devient lièvre chasseur. Un bourreau et sa victime réunis dans la même recette, quel bel exemple de pardon ! Tout aussi agile, le lapin enchante l'enfance. Tantôt, il sort du chapeau du magicien, tantôt, il accompagne Alice de l'autre côté du miroir. En peluche, on l'appelle Jeannot, et il est le doudou des plus petits. Lennie, le héros de John Steinbeck (*Des souris et des hommes*), aime les lapins pour la douceur de leur pelage. Ça le perdra. Le chaud lapin court comme un lapin, mais comme le lièvre est plus rapide que lui, va-t-il gagner ? Depuis qu'il s'est fait devancer par une tortue (Jean de La Fontaine), on se pose des questions. Une chose est sûre : c'est bien le lapin qui a inspiré Bugs Bunny, et le costume des Bunny Girls. Et c'est aussi le lapin en chocolat qui se cache dans le jardin le jour de Pâques.

« Lièvres je vous en prie,
souvenez-vous du jour du fameux jour
où la tortue est arrivée avant vous. »
Jacques Prévert

Macho ou phallocrate

Avant de parler de Mr. Macho, j'aimerais vous présenter sa femme. Levée bien avant lui, elle enchaîne l'entretien de la maison, son métier, les courses, les réunions de parents, les rendez-vous avec les profs, et même les goûters d'enfants. Sans compter les visites à la belle-mère. C'est aussi elle qui, le soir, essaie de changer l'ampoule de la lampe et de vidanger le lave-vaisselle. Pendant que Mr. Macho, affalé devant un match à la télé, écluse des bières en commentant les arrêts de jeu et les pénalties. Parfois, il se souvient qu'il a une femme. D'où sa main baladeuse qui n'a rien d'une caresse, accompagnée de critiques méchantes : « Ah! Ces bonnes femmes ! Jamais contentes ! Toujours un truc qui cloche ! On comprend pourquoi on les paie moins, elles sont toujours fatiguées. » Le voilà, le macho. Le vrai. Le phallocrate, en revanche, a longuement élaboré sa doctrine de domination de la force sur la douceur. Qu'il soit croyant ou pas, il suit avec attention la résistance de l'Église catholique à l'invasion des femmes dans la prêtrise. Quant à la parité hommes-femmes, elle le fait doucement sourire. Parce que la place de la femme est à la maison, un point c'est tout. En effet, son épouse ne travaille pas. Elle n'a pas le temps. D'ailleurs, de quoi se plaindrait-elle, avec ses six beaux enfants, sa grande maison, sa résidence secondaire, sa domestique, et les dîners qu'elle organise de main de maître ? Devant les invités, elle prend garde de ne pas l'interrompre, encore moins de le contredire. Pendant des années, il lui a appris à ne jamais lui faire de l'ombre. Parce que, pense-t-il, une femme est une chose délicate et fragile, incapable de penser, et dont l'avis ne compte pas. Il faut donc qu'elle reste à sa place, docile et muette. Il n'attend pas grand-chose d'elle, si ce n'est une disponibilité absolue pour, entre autres, lui assurer une descendance. Le phallocrate, c'est cet individu prétentieux et insupportable qui réussit le tour de force de rendre le macho presque sympathique.

Tendresse ou tendreté

Opposer deux noms qui se ressemblent, c'est un tour de force. Car tendresse et tendreté sont proches, avec leur adjectif tendre en commun. Pourtant, ils ne jouent pas dans la même cour. La tendresse est un sentiment fait d'affection et de douceur. D'où cette chanson mièvre des années 1980: « Mais vivre sans tendresse, on ne le pourrait pas. » Nous ne porterons aucun jugement sur la pauvreté du vers suivant: « Non, non, non, non, on ne le pourrait pas. » La tendresse est le propre de l'homme au cœur tendre, dont la tendre enfance a été protégée par les tendresses maternelles. Au XVe siècle, cette tendresse est même devenue la destination de la Carte du Tendre, qui enseignait respect et raffinement. Car, faite de douceur, c'est elle qui a fait chanter la grande Édith: « Parlez-moi d'amour, redites-moi des choses tendres. » Et combien de slows a-t-on dansés sur *Love me Tender*, d'Elvis Presley... Et puis il y a ces deux pigeons qui « s'aimaient d'amour tendre » (Jean de La Fontaine), car les animaux aussi sont capables de tendresse. Ce n'est pas Médor qui dira le contraire. Ni Minet. La tendresse devient tendreté lorsqu'il s'agit de savourer la chair fraîche: les amateurs de viande apprécient la tendreté d'une entrecôte, prêts à renvoyer en cuisine un steak trop dur et trop coriace. Car la tendreté d'une semelle trop cuite , c'est un oxymore immangeable. Sauf pour Charlot qui semble s'en délecter, il ne laisse que les clous (*La Ruée vers l'or*). Forts de cette mise au point, ce n'est pas pour la tendresse de son aloyau que nous féliciterons le chef. Et quand nous voudrons offrir une pierre à notre chère et tendre, c'est l'améthyste que nous choisirons. Pour sa tendreté. Et ce cadeau, nous le ferons avec tendresse.

« Y'en a qui ont le cœur si tendre
Qu'y reposent des mésanges
Y'en a qui ont le cœur trop tendre
Moitié hommes moitié anges »
Jacques Brel,
Les Cœurs tendres

Chausson ou pantoufle

La pantoufle devrait paraît-il son nom à un saint Pantoufle qui aurait vécu au XVe siècle. Cette information n'est pas sérieuse, mais elle nous montre que les farceurs sévissaient déjà au Moyen Âge. La pantoufle évoque le confort et la douceur, elle est à nos pieds fatigués ce que le plaid en mohair est à nos genoux. Elle fait rêver de tisane. Si papy croit encore au Père Noël, ce sont des charentaises qu'il met au pied du sapin. De belles charentaises écossaises et fourrées. Quelle belle vie, pépère et... pantouflarde! Le chausson est plus léger, c'est lui qui habille les petons des bébés ou qui participe aux entrechats des petits rats. Serait-il moins lourdaud, plus aérien que la pantoufle? Dans certains cas, oui, mais la langue française a ses raisons que la raison ne connaît pas et qu'aucun grammairien ne peut expliquer: Rudolf Noureev n'aurait jamais dansé *Le Lac des cygnes* en pantoufles, c'est évident. Mais on peut se demander pourquoi ce n'est pas un chausson de vair que Cendrillon a égaré...

« Tous les hommes ont l'air ridicule
en chaussettes noires et pantoufles. »
Rita Rudner,
humoriste américaine

Triste ou morose

On est tous pareils : quand on nous demande : « Comment ça va ? », on répond toujours : « Très bien, merci ! » Et pourtant... Il y a des jours où on se sent morose, où comme le chantait Michel Delpech : « On ferait mieux de rester au lit. » Voilà, le diagnostic est posé. Tout va mal, tout est moche, les gens sont méchants, nos voisins font trop de bruit, nos enfants nous horripilent, et la blanquette de veau n'a aucun goût. Même la vie nous pèse. La morosité, c'est comme la mélancolie sur laquelle Léo Ferré mettait de la poésie : « C'est un désespoir qu'a pas les moyens. » Et, d'après mon psy, de morose on devient dépressif et là, bonjour l'ambiance ! Car, si le virus du coup de blues devient contagieux, nos proches auront du mal à résister à la morosité ambiante. La tristesse, c'est moins grave, docteur ? Ça dépend... On connaît tous des gens qui sont nés tristes, on ne les a jamais vus sourire. Certains même sont tristes comme des bonnets de nuit. À fuir quand on se sent moroses. Pourtant, la tristesse est une réaction normale au chagrin, elle est ce qu'on éprouve devant la mort d'un proche. Mais si c'était un triste individu, personne ne le pleurera. Parfois, le temps aussi s'en mêle : « Quand le ciel bas et lourd pèse comme un couvercle » (Charles Baudelaire). Pour Verlaine, tristesse et solitude vont de pair : « J'errais tout seul promenant ma plaie » (*Promenade sentimentale. Poèmes saturniens*). Et ça n'est pas mieux quand on est deux : « Que c'est triste Venise, quand on ne s'aime plus ! » La tristesse, Françoise Sagan l'a saluée dans un livre (*Bonjour tristesse*. 1954) qui mêle l'insouciance et la mort. C'est bien triste, tout ça.

Basilique ou cathédrale

Uniquement vouée à des réunions durant l'Antiquité, la basilique est ensuite devenue un édifice religieux. Contrairement aux autres églises, elle doit son appellation à une autorisation du pape. Il faut pour cela qu'elle se démarque par une valeur ajoutée: si elle est lieu de pèlerinage (Lourdes), c'est un plus. Idem si elle est la nécropole des rois de France (basilique Saint-Denis) ou si elle abrite les reliques d'un saint (basilique Sankt-Kunibert à Cologne). La palme d'or revenant à la bien nommée basilique Saint-Pierre, à Rome, édifiée à l'endroit où a été enterré saint Pierre (considéré comme le premier pape). La cathédrale est l'église principale du diocèse. À l'intérieur, se trouve le siège (la cathèdre) de l'évêque. Ce trône en bois sculpté, au dossier très haut, n'autorise pas le laisser-aller épiscopal. Les chanoines ne sont pas mieux lotis: ils ont droit à des stalles, ou rangées de chaises en bois, qui longent les murs du chœur. La rigidité de ce mobilier qui fait mal aux fesses est, Dieu merci, oubliée devant la richesse des vitraux et des rosaces, la hauteur des piliers et la décoration des chapiteaux. Les cathédrales ne se sont pas toujours contentées d'être des lieux de culte. Elles ont été, grâce à leur parvis, les premières scènes de théâtre. C'est là qu'étaient joués les mystères au

Moyen Âge. Le mystère, apparu au XVe siècle, était un genre théâtral écrit pour un public très large. Les sujets, qui étaient surtout inspirés de l'Ancien Testament, étaient les précurseurs des pièces classiques jouées aujourd'hui à la Comédie-Française. Et les acteurs évoluaient sur le parvis de la cathédrale, histoire de mettre le théâtre à la portée de tous. Alors, vous qui ne connaissez que Notre-Dame, quelle cathédrale allez-vous visiter ? Celle de Chartres, pour y croiser les ombres de Paul Claudel et de Charles Péguy ? De Reims, avec son Ange au Sourire ? De Rouen, dont Monet a peint les couleurs changeantes ? Le Duomo de Milan et sa dentelle de marbre ? Et garderez-vous pour la fin la cathédrale Saint-Basile de Moscou ? Car il y a autant de cathédrales que Dieu peut en bénir. Une mention spéciale pour la Sagrada Familia (Barcelone) : elle est aussi grande qu'une cathédrale mais elle n'en est pas une. Il s'agit d'une basilique, consacrée comme telle par le pape Benoît XVI en 2010. Gaudi voulait qu'elle soit une des plus grandes églises du monde. Elle est une des plus visitées. Elle n'attend que vous.

Tricot ou pull

« Une maille à l'endroit, une maille à l'envers » : voilà la litanie que, pendant nos vacances bretonnes, nos mères récitaient dans un cliquetis d'aiguilles. Insensibles à nos châteaux de sable et à nos batailles de goémons, elles n'avaient d'yeux que pour l'édition spéciale rentrée de *Modes & Travaux*. Une torsade par-ci, du point de riz par-là, encore trois rangs et je serai à l'emmanchure. Ce tricot trop grand aux manches trop courtes, il fallait qu'il soit prêt pour septembre. Et, bizarrement, il ne faisait aucun jaloux parmi nos copains… Cette année-là, Charles-Édouard est arrivé dans la classe, avec son pull en cachemire. Ce pull à la fois fin et chaud dans lequel il se pavanait avec une élégance décontractée. Et j'ai eu honte du jacquard qui me barrait la poitrine et des côtes anglaises qui me faisaient des épaulettes. S'il y a le tricot rustique d'un côté et le pull raffiné de l'autre, c'est parce qu'il ne faut pas confondre les chèvres et les moutons. Le mouton, c'est lui que le publicitaire qui a tout plaqué a choisi d'élever pull

en Ardèche. Il apprendra à tondre ses bêtes et à carder la laine. Équipée de pulls, de moufles et de chaussettes, toute la famille sera habillée pour l'hiver. Et puis il y a la chèvre. Pas celle qui donne des picodons. L'autre, la chèvre de luxe. Celle qui a quitté les hauts plateaux du désert de Gobi pour vivre une belle success story. Chouchoutée pour donner sa laine douce et légère, elle est l'emblème de la chèvre qui a réussi. Il y a une autre chèvre qui aurait mérité de réussir, si belle avec ses longs poils blancs qui lui faisaient une houppelande. C'était *La Chèvre de M. Seguin*...

« C'est drôle comme les pauvres
ont éternellement besoin de tricots. On dirait
qu'ils n'ont besoin que de tricots. »
Jean Anouilh,
Antigone

Mer ou océan

Avec ses courants indomptables et ses vagues gigantesques, l'océan fascine. Il a inspiré Victor Hugo (*Oceano Nox*) et Daniel Defoe (*Robinson Crusoé*), ainsi que des casse-cou qui ont traversé l'Atlantique à la rame ou à bord d'un canot gonflable. Pourtant, quelle que soit l'étendue d'eau, on parle plutôt de mer que d'océan. Quitte à se fâcher avec les océanographes. Les skippers du Vendée Globe ou de la Route du Rhum disent en effet qu'ils prennent la mer. Pendant que nous, grelottants dans nos cirés à Carnac ou à Hossegor, on demande au surveillant de baignade: « La mer est bonne, ce matin ? » On parle peu des océans. Sauf à l'école quand on doit les énumérer, avec leurs noms en -ique (Arctique, Antarctique, Atlantique, Pacifique, Indien). On préfère penser à Raymond Devos, déçu parce que la mer était démontée, à Hokusai et sa mer déchaînée (*La Grande Vague*), ou à ces vieux loups de mer en caban et casquette bleu marine qui rêvent de jeter une bouteille à la mer. Les mers nous en font voir de toutes les couleurs: en plus de la mer Noire, de la mer Blanche et de la mer Jaune, il y a la mer Rouge, que Moïse a ouverte pour permettre la fuite du peuple juif. Et la mer Morte qui porte bien son nom. Et la mer Caspienne qui est une menteuse car elle n'est qu'un lac. Plutôt que de se noyer dans un océan de larmes, pensons plutôt à ce que la mer peut nous offrir: des fruits, des étoiles. Même ses araignées sont délicieuses. On les dégustera en écoutant Charles Trenet.

Angoissé ou anxieux

L'angoissé éprouve un trouble émotionnel immense qui occasionne des souffrances physiques et psychiques. Kierkegaard avouait que tout l'angoissait, « depuis le moindre moucheron jusqu'au mystère de l'incarnation ». Le pauvre ! Si le Petit Prince avait demandé à Van Gogh de lui dessiner la nuit, il aurait eu droit à des cauchemars agités de tourbillons et d'arbres tordus en forme de flammes. Qu'ils soient peintres (Edvard Munch, *Le Cri*) ou poètes (Baudelaire, Goethe), l'angoisse en a ravagé plus d'un. L'anxieux, lui, appréhende un événement important (pontage coronarien ou résultat d'examen). Rassurons-le, c'est tout à fait normal. Et tant mieux si on est anxieux dans le quotidien, cela nous permet d'arriver à l'heure à la gare ou à un rendez-vous amoureux. Contrairement à l'angoisse qui paralyse, l'anxiété permet d'être toujours sur le qui-vive. Stimulante, elle est pour les artistes un moteur indispensable à la création : Beethoven, Picasso et Bacon l'ont apprivoisée, en faisant d'elle une source de curiosité et de créativité. Mais, d'après mon psy, tout est question de dosage car l'anxiété trop intense est destructrice. Pathologique, elle s'appelle... l'angoisse.

« Si je savais pourquoi je suis si angoissée,
je ne serais pas si angoissée. »
Mignon McLaughlin,
journaliste et auteur américaine

Art moderne ou art contemporain

« Tout est relatif ! », disait Einstein. Et il avait raison. Car la roue tourne, et ce qui est moderne aujourd'hui par rapport à l'ancien d'hier deviendra ancien à son tour. Cette affirmation est d'une logique implacable. Qu'il s'agisse des pyramides d'Égypte, des temples grecs ou des forums romains, toutes les créations ont été d'une modernité audacieuse à leur époque. Le temps a passé, puis les codes de la peinture médiévale ont été balayés, pour être remplacés par d'autres, plus modernes, de la Renaissance, et ainsi de suite. Mais il a fallu attendre Édouard Manet et les peintres impressionnistes pour voir l'apparition de ce qu'on appelle l'art moderne (1870-1945). Désireux de rompre avec la tradition, ils ont bousculé les règles de la figuration classique pour interpréter librement la réalité. Ainsi naquit l'art moderne, qui est un art de rupture. Et qui, chose nouvelle, a fait une place à tous les moyens d'expression, tels que la photo, le cinéma, la céramique, etc. Et puis le jour est venu où l'art moderne a perdu sa modernité, pour être remplacé par l'art contemporain vers 1945. Celui-ci va encore plus loin dans le renouvellement des codes : il ne se contente pas de rompre avec ce qui est académique, il transgresse la notion même d'œuvre d'art. Les artistes prennent des risques, ils jouent avec l'art brut, l'expressionnisme abstrait, la non-figuration, l'art urbain (ou *street art*), etc. Dubuffet et Jackson Pollock dérangent, ainsi que, plus près de nous (donc plus contemporain), Jeff Koons. J'entends d'ici les détracteurs : « C'est de l'art, ça ? » Les courants artistiques ne sont pas figés. Tantôt novateurs, tantôt dérangeants, ils évoluent avec le monde et nous aident à le comprendre. Quand on est déroutés et qu'on ne sait pas où classer Piet Mondrian ou Andy Warhol, on va les voir dans un... musée d'art moderne et contemporain.

Parfum ou eau de toilette

Enfin un sujet qui sent bon. Et qui fait du bien au moral quand on sait combien, à une certaine époque, nos ancêtres étaient sales. Dans l'Antiquité, les gens se lavaient. Au Moyen Âge aussi. Et puis à la fin du XVe siècle, on s'est mis à se méfier de l'eau. C'est alors qu'on a eu recours à des parfums capiteux pour camoufler les mauvaises odeurs. Cela a duré jusqu'au début du XVIIe siècle. On a ensuite redécouvert les vertus lavantes de l'eau, et on a peu à peu abandonné les parfums trop puissants. D'où la mythique eau de Cologne, concoctée par Jean Marie Farina, dont Napoléon ne pouvait se passer. Mais alors, la défaite de Waterloo serait-elle due à une rupture de stock... ? L'eau de toilette est également peu concentrée en essences aromatiques. Légère, elle peut être vaporisée plusieurs fois par jour. Qu'il s'agisse de l'eau de lavande qui sent bon la Provence ou de cette eau de rose dont les midinettes aspergent leurs romans de gare, toutes les eaux de toilette aiment les fleurs. Et puis il y a le parfum. Ah, le parfum ! Le parfum, c'est magique, ça vous envoûte, ça vous obsède, c'est de la séduction en flacon. Vous connaissez son pouvoir, mesdames, vous qui en mettez quelques gouttes dans votre décolleté ou derrière votre oreille pour nous faire chavirer. Et vous, vous n'avez sûrement pas oublié cette inconnue rencontrée dans un train. Son parfum qui l'enveloppait et la protégeait la rendait à la fois proche et inaccessible. C'est à travers lui qu' elle s'adressait à vous : « Je ne vous connais pas, mais découvrez mon odeur… Je l'ai choisie pour vous, l'homme du hasard. » Qu'un parfum enrichisse mes souvenirs ou qu'il nourrisse mes fantasmes, il fait naître un regret en moi : j'aurais aimé être nez.

« Le parfum subsiste toujours
au creux de la main qui offre la rose. »
Walt Whitman

Bouchée à la reine ou vol-au-vent

D'aucuns vous diront que seule la taille les sépare. Ils n'ont pas tout à fait tort, mais pas tout à fait raison non plus. La bouchée à la reine, longtemps emblématique de la gastronomie française, n'est plus ce qu'elle était. Elle n'a plus sa place dans les repas familiaux, et les grands restaurants semblent l'avoir rayée de leur carte. On ne la trouve plus que chez les traiteurs, lourde et farineuse. Pourtant, elle est bien royale de naissance : c'est pour l'épouse de Louis XV que fut mise au point cette croustade légère garnie de ris de veau, blancs de volaille et truffes nappées de sauce suprême ou financière. De quoi n'en faire qu'une bouchée. Dans la même famille, on trouve le vol-au-vent. Plus raffiné et plus spectaculaire parce que plus grand. Sa garniture diffère également, composée de rognons de coq et de quenelles arrosés de sauce madère. Quand il trône au centre de la table, il fait beaucoup d'effet. Mais sa pâte feuilletée est si légère qu'on a du mal à la découper : dès qu'on casse la croûte, elle laisse filer sa sauce blanchâtre. La solution serait peut-être de la servir comme une fondue savoyarde, chacun l'attaquant avec sa fourchette en essayant de piquer les meilleurs morceaux. Une nouvelle version de la pêche à la ligne adaptée aux repas de famille.

Antiquaire ou brocanteur

L'antiquaire est au brocanteur ce que l'ébéniste est au menuisier, et je l'appellerais volontiers M. Plus. Sélectif dans ses choix, il recherche pour les revendre des meubles anciens et des objets d'art. S'ils ont souffert, il les restaure en respectant le style et les matériaux. Grâce à sa connaissance des époques, des écoles, du mobilier et des techniques, il garantit l'authenticité des biens qu'il met en vente. Il est généralement spécialiste d'une époque ou d'un style, tel que l'art japonais ou le mobilier du XVIIIe siècle. Grâce à ses compétences, il a pignon sur rue et sévit dans les beaux quartiers. Il ne s'installera jamais dans un centre commercial à la périphérie d'une ville. Le brocanteur n'est pas tenu de réparer les meubles qu'il vend. On trouve de tout dans son dépôt... sauf un raton laveur. Chaises bancales, verres dépareillés, vaisselle ébréchée, tapis usés. Soupières en faïence, bougeoirs en étain, canevas brodés, toiles à matelas défraîchie, cendriers publicitaires, vases kitsch... Autant de témoins du passé. Ces objets inanimés ont une âme, on a envie de les faire revivre. Parfois, ce bric-à-brac renferme un trésor caché, sans nom et sans âge. On s'empresse de l'acheter, il trônera quelques jours chez nous, pour retourner dans l'anonymat au fond d'un placard. La voilà, l'emprise de la brocante sur nous : elle nous fait acheter ces objets inutiles ou ringards auxquels on ne peut pas résister et dont on se débarrassera dans quelques jours...

Mariage ou noce

« Tu assistes au mariage ? » « Non, je ne vais qu'à la noce. » Le ton est donné. Le mariage, c'est l'ensemble des cérémonies civile et religieuse, suivies des festivités. La noce, c'est surtout la fête. Ambiance populaire garantie. Chez les bourgeois, quand on est invité à un mariage, ou pire, à un grand mariage, on est rarement à la noce. Le jeune homme a fait sa demande en mariage, avec la bénédiction de ses futurs beaux-parents. Viendra ensuite l'élaboration de la liste de mariage. Et puis c'est le grand jour. On a droit à la messe, puis au cocktail, suivis du déjeuner et du dîner. Rien ne nous est épargné, ni la robe de mariée dénudée comme pour une soirée à Miami, ni les chapeaux des belles-mères, ni les cortèges de belles voitures enrubannées. La bénédiction des jeunes époux a lieu dans une charmante église romane, si petite que seule la famille proche peut y entrer. Peu importe, on attendra dehors, pour féliciter les mariés qui sortiront sous une pluie de pétales de roses, bombardés par des grains de riz. Tard dans la nuit, nous nous rendrons à l'hôtel du Grand Cerf, situé à une centaine de kilomètres, où le père du marié nous aura réservé une chambre. À la campagne, quand on se joint à la noce, c'est nettement plus gai. Car rien ne manque pour nous divertir, ni l'accordéon, ni les ballons de couleur, ni les histoires salaces, ni la jarretière de la mariée. Il y a aussi les demoiselles d'honneur qui font la danse des canards, le vieil oncle saoul qui se met à chanter, les mariés éméchés, et le départ pour le voyage de noces, avec des casseroles accrochées à la voiture. Tous les mariés font une infidélité au calendrier : aujourd'hui, on n'attend plus l'autorisation du bon Dieu ou de monsieur le maire pour consommer, et on s'offre beaucoup de nuits de noces avant le jour J. Et lors des anniversaires, on fêtera ses noces de coton au bout d'un an de mariage et d'étain au bout de dix ans. Il faut cinquante ans de mariage pour célébrer ses noces d'or… Ça, ça s'appelle une performance.

Couleuvre ou vipère

L'herpétologie est, paraît-il, l'étude des reptiles. Mais comme je n'ai rien d'un herpétologue, je vous épargnerai un cours qui risquerait de vous endormir. Et moi avec. Je tiens seulement à vous présenter ces serpents dont la seule vue nous répugne. Un reptile qui a du charme, ça n'a jamais existé, sauf pour Ève qui a craqué avant de croquer la pomme. Quand elle n'est pas biblique, la couleuvre est inoffensive. Mais soyez méfiants vis-à-vis des gens mal intentionnés qui essaient de vous faire avaler des couleuvres. Résistez à leurs tentatives pour vous convaincre, soyez plus malins qu'Eve qui s'est laissé embobiner par le serpent trompeur. Elle a payé cher pour sa faiblesse, et nous payons encore. Et, autrefois, des hôtes malveillants ou farceurs mettaient des couleuvres dans le ragoût d'anguilles qu'ils offraient à leurs invités. Histoire de les leurrer et... de leur faire avaler des couleuvres. La vipère est dangereuse. Même si elle a froid, celui qui tente de la réchauffer dans son sein aura des ennuis car elle ne va pas tarder à le mordre. Avec ses consœurs, elle a inspiré François Mauriac dont le vieux Louis a un *Nœud de vipères* à la place du cœur. Et que dire de Brasse-Bouillon qui à la fin du livre d'Hervé Bazin s'exclame : « Je suis celui qui marche, une vipère au poing ! » ? Fuyez les langues de vipère, elles ne vous feront que du mal. Laissez donc à Oreste le soin de s'interroger sur les reptiles, surtout si comme lui vous aimez les allitérations : « Pour qui sont ces serpents qui sifflent sur vos têtes ? » (Racine. *Andromaque.* V.5.). Couleuvre tentatrice ou vipère à la langue bien pendue, quand j'en vois une, je la double. En lui disant : « Attrape-moi si tu peux ! »

« La langue de vipère n'est jamais plus venimeuse que lorsqu'elle est enduite de miel. »
Victor Hugo

vipère

Hôte ou hôte

Quand un hôte reçoit un hôte chez lui, c'est un peu le coup de l'arroseur arrosé. Car hôte est un terme polysémique dont la signification est à double sens. Cette ambiguïté linguistique ne date pas d'hier : hôte vient de la famille latine d'*hostem, hospitem*, et signifiait à la fois celui qui invite et celui qui est invité. Preuve que les Romains n'étaient pas que des bâtisseurs, ils étaient aussi fantaisistes. Astérix les traitait même de fous, et il avait raison. Il est difficile en effet d'admettre qu'un hôte s'attend à être bien traité par son hôte ! Pourtant, ce dernier connaît son rôle : toujours accueillant, il fait visiter sa maison d'hôtes, qui, si elle est située dans la forêt, fait de lui « le phénix des hôtes de ces bois ». Il compte sur sa femme, qui se doit d'être une hôtesse élégante et avenante. Si l'hôte tient un hôtel, il s'appelle hôtelier, et le tarif est le même. La TVA aussi. Dieu merci, il y a d'autres hôtes, ceux qui sont les bienvenus chez nous et à qui on ne demande pas de dégainer leur carte bancaire : ce sont nos invités. Même s'ils viennent les mains vides, ils sont bien reçus. Notre sens de l'accueil est tel qu'ils ne se demandent pas qui est l'hôte de qui. Ils savent bien que tout invité est l'« hôte de son hôte » (Jacques Capelovici). Les Anglais ont raison, qui font la différence entre *the host*, celui qui reçoit, et *the guest*, celui qui est invité. Quant à nous, restons français, et essayons de ne pas nous tromper de sens.

hôte

Amener ou apporter

Commençons par une bonne nouvelle : aucun de ces deux verbes n'a trahi son origine latine. Car *apportare* signifiait porter quelque chose à quelqu'un et *menare*, faire venir à un endroit. Rien n'a changé, et c'est tant mieux. Il reste un problème à résoudre : le vin que j'ai promis d'offrir à mes voisins pour une pendaison de crémaillère, je l'amène ou je l'apporte ? Les dictionnaires que j'ai feuilletés sont unanimes : on apporte un objet et on amène quelqu'un. Apporter, emporter, rapporter d'une part, amener, emmener, ramener d'autre part. J'emporterai donc du bordeaux et si on ne boit pas tout, je rapporterai quelques bouteilles à la maison. Jacques Brel est plus sobre que moi, et plus romantique : « J'vous ai apporté des bonbons. » Nous savons maintenant quel verbe utiliser dans quelle circonstance : tous les matins, nous emmenons nos enfants à l'école et nous n'oublions pas de les ramener le soir. Ni de rapporter du pain. Mais si nous trouvons la boulangerie fermée, c'est parce qu'un beau berger aura emmené la femme du boulanger. Heureusement, les villageois ramèneront la belle pécheresse. Et Pomponette, dans tout ça ? Elle reviendra aussi. Mais elle n'aura pas intérêt à se la ramener.

« Le lange apporte, le linceul emportera. »
Proverbe français

Coupole ou dôme

Le dôme, c'est le top du toit. Avec sa forme en demi-sphère, c'est lui qui surmonte, entre autres, la basilique Saint-Pierre de Rome ou la cathédrale Saint-Paul à Londres. La cathédrale de Saint-Basile (Moscou) doit sa splendeur à ses neuf dômes. Quant au Dôme des Invalides, c'est lui qui abrite le tombeau de Napoléon. De même forme que le dôme dont elle épouse la rondeur, la coupole est à l'intérieur d'un édifice. Qu'elle soit décorée de caissons, peinte de fresques ou couverte de dorures, elle ravit les visiteurs qui lui pardonnent leur torticolis. Qui dit coupole ne dit pas forcément mal au cou : quand les académiciens se réunissent sous la Coupole, ils sont assis. L'immortalité dans un fauteuil, ça fait rêver. Et n'oublions pas l'autre Coupole, qui nous accueille même si on n'est pas en habit vert : cette brasserie est une ode à l'Art déco, et on y va pour être vu, pour voir ses pilastres, et pour rêver à Picasso et Giacometti, Sartre et Simone de Beauvoir, Hemingway et Marlène qui, des années folles à 1950, en étaient les piliers. Et puis, si on lève les yeux, on peut admirer la coupole de la Coupole, peinte récemment (en 2008). L'histoire de cette Coupole serait incomplète si on ne lui associait pas celle du Dôme : il date des années 1900, et elle de 1920. Il a été fondé par un Auvergnat, et elle par... deux Auvergnats. Les deux sont situés sur le même boulevard du Montparnasse. Et c'est indifféremment au Dôme ou à la Coupole que les écrivains américains de la *lost generation* et les peintres se réunissaient. Ernest Hemingway allait de l'un à l'autre pendant qu'il écrivait *Paris est une fête*, alors que Henry Miller et Anaïs Nin faisaient partie des Dômiers. Quel beau foisonnement de talents ! Les visiteurs qui veulent voir tout Paris en un week-end auront droit au Dôme des Invalides et à celui du Sacré-Cœur. La Coupole, ils ne la fréquenteront pas : ils se contenteront de regarder les menus.

Bateau ou navire

Bateau est un terme générique qui décrit une construction capable de flotter sur l'eau et de s'y déplacer. Pari tenu, à quelques (!) naufrages près. On ne navigue plus sur un tronc d'arbre évidé comme dans l'Antiquité, on utilise un catamaran pour faire le tour du monde, mais la comptine « Maman les p'tits bateaux qui vont sur l'eau » est encore d'actualité. Il y a tellement d'embarcations différentes qu'on a essayé d'y mettre de l'ordre : d'un côté le bateau, de l'autre le navire. On a réduit le premier au déplacement sur les rivières et les fleuves. Et celui qui le pilote n'est pas un marin d'eau douce, n'en déplaise au capitaine Haddock, mais un marinier, ou un batelier. Seul maître à bord, il transporte soit des marchandises, soit des personnes s'il est spécialisé dans le tourisme fluvial. Le navire est un bateau de fort tonnage, destiné à la navigation en pleine mer. De quoi faire oublier ce « petit navire qui n'avait ja-ja-jamais navigué », tout simplement parce qu'il était petit. Toujours équipé d'un ou plusieurs ponts, il peut atteindre 300 ou 400 mètres de long. La rapidité n'étant pas le privilège des TGV, il existe des NGV : navires à grande vitesse. Ils peuvent bateau

s'appeler pétroliers, porte-avions, cargos s'ils transportent des marchandises, ou paquebots s'ils embarquent des passagers pour des croisières de rêve. Ils peuvent accueillir plus de 2000 personnes, à qui ils offrent piscines, casinos, théâtres et galeries commerciales. Histoire de permettre à ces vacanciers de vivre sur l'eau ce qu'ils font sur la terre ferme. Ces énormes navires ne snobent pas les petits bateaux pour autant car ils sont équipés d'embarcations de sauvetage, qui seront utiles s'ils rencontrent un iceberg. De quoi rassurer le capitaine et les croisiéristes et de leur prouver qu'« on a souvent besoin d'un plus petit que soi ».

« C'est pas l'homme qui prend la mer,
c'est la mer qui prend l'homme. »
Renaud

Sofa ou divan

Sous l'Empire ottoman, le sofa était moitié siège, moitié lit, alors que le divan n'était ni l'un ni l'autre. Le premier était constitué d'une estrade couverte de tapis et de coussins. Le vizir y recevait les dignitaires, qui avaient le droit de se vautrer. Alors que le divan avait une fonction plus rigide : il était à la fois salle du conseil et tribunal. Vers la fin de XVIIIe siècle, il a changé de nature pour devenir une sorte de banquette garnie de coussins. Aujourd'hui, on s'y pelotonne, on s'y allonge pour faire la sieste. Pour un peu, on prendrait son nounours et on appellerait sa maman. Car un divan, c'est régressif, ça nous rappelle l'enfant qui est en nous. Freud l'avait bien compris, qui avait installé un divan dans son cabinet. S'il avait reçu ses patients sur des strapontins, il n'aurait pas pu inventer la psychanalyse. Et s'il avait remplacé son divan par un canapé, il serait resté tout seul à grignoter ses toasts.

« Elle était donc couchée et se laissait aimer
et du haut du divan elle souriait d'aise. »
Charles Baudelaire,
Les Fleurs du mal

Personnage ou individu

Personnage vient du latin *persona* qui signifiait le masque porté par les acteurs au théâtre, avant de désigner les acteurs eux-mêmes. Ce terme correspond aujourd'hui aux héros d'œuvres littéraires, tels que *L'Avare*, *Gatsby le Magnifique* ou *Tintin*. Mais les personnages ne se trouvent pas que dans les livres, ils existent aussi « pour de vrai ». L'abbé Pierre et Che Guevara en sont la preuve. C'est la célébrité qui a fait d'eux des personnages. On ne peut pas en dire autant de madame Michu qui ne passera jamais à la télé. Quoique... Avec son style vestimentaire à l'épreuve des modes et ses manies d'un autre âge, elle est un personnage à sa façon. Est-ce à dire que toute personne remarquable peut se targuer d'être un personnage ? Pourquoi pas ? Souvenez-vous de la Mère Denis ! On connaît tous des tristes personnages mais ils ne méritent pas qu'on s'intéresse à eux. Laissons au mot personnage son côté exceptionnel. Celui qu'on qualifie de triste, c'est plutôt l'individu : sinistre, il n'a rien de séduisant. De plus, on le soupçonne de ne jamais se laver car on le traite de sale individu. Il n'est pas fréquentable. Certains individus, cagoulés et armés sèment la terreur, pendant que leurs victimes sont appelées individus tant qu'elles n'ont pas été identifiées. On a tous entendu parler d'un individu longtemps suspecté : comme il était jardinier et qu'il s'appelait Omar, il avait tout faux. Alors, entre l'individu anonyme, l'individu-qu'il-vaut-mieux-éviter et le personnage qui ne passe pas inaperçu, on n'a pas de mal à choisir.

Funèbre ou funéraire

D'après le dictionnaire, funéraire qualifie ce qui a rapport à la mort, alors que funèbre concerne plutôt les funérailles. Où est donc la différence ? Disons que ces adjectifs ne vont pas l'un sans l'autre, car ils nous parlent tous les deux de la mort. Lors d'un décès, un service funéraire est organisé, avec un moment de recueillement dans la chambre funéraire où repose le mort, quelques chants, des cierges, des couronnes, puis un caveau, une pierre ou une urne. Ce rite funéraire est un ensemble de gestes et de témoignages qui réunissent la famille et les amis du défunt pour lui rendre hommage. Et là, à cause d'un glissement sémantique difficile à comprendre, l'oraison n'est pas funéraire mais funèbre, de même que la veillée qui précède les obsèques, voire la cérémonie elle-même. Quand on leur dit qu'un éloge est toujours funèbre et la tombe toujours funéraire, comment la veuve et l'orphelin peuvent-il s'y retrouver ? Heureusement, l'entreprise de pompes funèbres se charge de tout... même si les choses ont bien changé depuis « Les belles pom, pom, pom, pom, pom, pompes funèbres de nos vingt ans », dont Georges Brassens avait la nostalgie (*Les Funérailles d'antan*). Qui dit enterrement dit tristesse, d'où la mine funèbre des personnes en deuil. Mais la tête d'enterrement n'est pas l'apanage des éplorés, elle s'affiche chez les déçus, les déprimés, les au-bout-du-rouleau. Heureusement, pour les poètes, tout finit par des chansons : Georges Brassens aimerait « à la grand' rigueur, ne pas mourir du tout » (*Les Funérailles d'antan*), et Jacques Brel met de la gaieté dans son testament : « Je veux qu'on rie, je veux qu'on danse quand c'est qu'on me mettra dans le trou » (*Le Moribond*). Histoire de revisiter la danse macabre du Moyen Âge. Alors, monsieur le croque-mort, ne pourriez-vous pas ajouter une danse funèbre à vos prestations... ?

Naturiste ou nudiste

Comme le naturiste et le nudiste ont le même uniforme, on a du mal à les différencier. Car de même que l'habit ne fait pas le moine, l'absence d'habit ne fait pas nécessairement le naturiste. Le naturisme, ce n'est pas seulement un bermuda qu'on enlève, c'est surtout un style de vie. C'est le respect de son corps et de la nature. Le naturiste se couche tôt, il mange bio, il fait du yoga, de la poterie et de l'aquarelle. Grégaire, il retrouve ses pairs dans un camping dans les Landes ou les Cévennes. Là, c'est en tenue d'Adam (ou d'Ève) qu'il fait du vélo et joue au volley. Avec ces nouveaux amis de vacances, il n'y a plus ni vouvoiement ni ronds-de-jambe : on est tous pareils quand on est tout nus et qu'on partage les mêmes valeurs. Rien à voir avec le nudiste qui expose à la nature, et surtout au regard des autres, un corps soigné, bronzé, musclé, ferme, bodybuildé. Comme il n'a rien d'un ascète, l'assiette de soja-quinoa n'est pas pour lui, pas plus que le jus de radis noir. Et il ne se couche ni ne se lève en même temps que le soleil. Il se pavane le jour et fait la fête la nuit. Il fuit les ghettos pour naturistes et passe ses vacances parmi les « textiles » (ceux qui portent un vêtement). C'est dans une crique protégée qu'il se déshabille, histoire de ne pas avoir de problèmes avec le gendarme de Saint-Tropez. Il peut alors se donner au soleil qui lui offre en échange un bronzage intégral. La pudeur, il ne connaît pas, il a même ce côté exhibitionniste qui le rend disponible à tous les regards. Et si une belle ondine passe par là... on devine la suite. Elle lui offrira un petit coin de paradis dans une calanque. À vacances différentes, souvenirs différents : une petite aquarelle que le naturiste aura peinte, un bronzage de rêve que le nudiste aura peaufiné. L'ondine, c'était la cerise sur le gâteau.

Bâtard ou corniaud

Voilà deux mots injurieux quand on les applique aux humains. Le premier n'a pas toujours été péjoratif, Guillaume le Conquérant pourrait le dire. Il devait son surnom de Guillaume le Bâtard aux amours ancillaires de son père, duc de Normandie, qui avait eu un moment d'égarement avec la fille d'un tanneur. Aujourd'hui, on appelle bâtard tout enfant illégitime. Ou « Enfant de l'amour », ce qui est plus poétique. Ce rapprochement (!) de deux individus de milieux différents me fait penser aux vers de Victor Hugo : « On voit des biches qui remplacent leurs beaux cerfs par des sangliers » *(La Légende de la nonne)*. Les chiens aussi font fi de l'entre-soi, et quand un chien de race pure rencontre une inconnue qui passait par-là, on obtient un bâtard qui, né d'un croisement dans un terrain vague, n'en est pas moins vif. Le corniaud aussi est d'origine inconnue. Il doit probablement son nom à corne, ou coin, car il naissait au coin des rues. Ses parents étaient-ils chiens courants ou chiens d'arrêt ? Il ne peut le dire. C'est un chien sans race, celui que Baudelaire appelait chien saltimbanque (*Petits poèmes en prose*). Attribué aux hommes, le terme de corniaud est une insulte car il qualifie un imbécile, genre idiot du village. Pourtant, c'est bien ce corniaud, mélange de candeur et de générosité, qui nous permet de rendre hommage au grand Bourvil.

cornia

Neuf ou nouveau

Ces deux adjectifs expriment tous les deux la nouveauté. Mais la similitude s'arrête là. Ce qui est neuf est récent : la ville neuve naît sur un champ de betteraves qu'on a défriché, on s'achète une voiture neuve pour frimer, et quand on est vêtu de neuf on se trouve beau. La jeune fille coquette mais fauchée peut même faire du neuf avec du vieux en recyclant ses vêtements vintage. L'opération faire peau neuve est valable pour un magasin dans le but de séduire ses clients, mais elle est plus difficile pour un individu. Ne croyez jamais celui qui vous dit : « Je suis un homme neuf. » Le nouveau s'inscrit dans une lignée, il est à la place de, et il sera remplacé à son tour. Le beaujolais nouveau et les pommes de terre nouvelles ne resteront pas nouveaux longtemps, pas plus que la nouvelle tendance qui fait lacérer les jeans et trouer les pulls. Avec une majuscule, ce qui est Nouveau perd son caractère éphémère, il devient référence, comme l'Art nouveau. Ou le Nouveau Testament.

« Le monde m'est nouveau à mon réveil,
chaque matin. »
Colette

Éthique ou déontologie

J'ai toujours aimé relever des défis. Celui-ci, qui consiste à expliquer la différence entre deux mots presque identiques, est particulièrement périlleux. Disons, pour faire simple, que l'éthique est la science de la morale. Elle est censée définir ce qui est bien et ce qui est mal, ce qui est acceptable ou pas. Elle fait appel à notre jugement et à notre sens des responsabilités. Quand la mère du lycéen paresseux refuse de rédiger un mot d'absence qui le dispenserait de bac blanc, elle agit en son âme et conscience. En précisant à son fils furieux: « Nous n'avons pas les mêmes valeurs. » Car l'éthique est à cheval sur la moralité. Et quand elle nous fait prendre des décisions, ce n'est jamais simple. Le médecin qui ne veut pas signer un certificat médical de complaisance déçoit son patient, tant pis. Il connaît souvent des situations bien plus dramatiques qui remettent en cause ses croyances, ses exigences et sa propre éthique: l'état des malades en fin de vie soulève chez lui beaucoup de questions, auxquelles lui seul peut répondre. La déontologie (du grec *deontos*, qui signifie devoir) est l'éthique collective. Elle établit des règles auxquelles sont soumis les membres d'une même activité professionnelle. C'est une sorte de code de conduite, d'après lequel les médecins sont tenus au secret médical et les avocats au secret professionnel. Bien sûr, qui dit code dit sanction en cas de manquement. Et la sanction peut aller jusqu'à la radiation. Aïe ! Heureusement, il existe la clause de conscience, qui permet aux médecins de refuser de pratiquer un acte médical contraire à leurs convictions personnelles. Autrement dit, au nom de la déontologie, on agit. Ou on n'agit pas. Si je traverse dans les clous et si je paie mes impôts, est-ce une question d'éthique ou de déontologie ? Peu importe. Les mots savants, je les laisse à leur place, j'essaie seulement de me faire plaisir. *Carpe diem* est ma devise. La voilà, ma déontologie personnelle. Ou mon éthique.

Antichambre ou alcôve

Voilà deux petites pièces qui ont besoin d'une plus grande pour exister… Comme son nom l'indique, l'antichambre est une pièce qui donne accès à une autre. Pas nécessairement à une chambre où se succèderaient les amants de madame. Plutôt à un salon de réception, au bureau d'un médecin ou d'un notaire. Aujourd'hui, l'antichambre s'appelle entrée, où on accueille les visiteurs. Ou salle d'attente, où on attend son tour en feuilletant les magazines de l'année dernière. Dans tous les cas, quand on fait antichambre on poireaute. Du temps de la Marquise de Sévigné, les domestiques, interdits de séjour, se tenaient dans l'antichambre. Où ils échangeaient des propos… d'antichambre. Quand l'attente se fait interminable, cette pièce peut devenir métaphore : « Qu'est-ce que la vie ? Une halte dans l'antichambre de la mort » (A. Dumas. *Le Comte de Monte Cristo*). L'alcôve est située dans la chambre elle-même. C'est dans ce renfoncement exigu que, jusqu'au XIXe siècle, on plaçait le lit. Celui-ci ne trônait donc pas dans la chambre mais dans ce réduit fermé par des portes ou un rideau. Lieu secret, protégé, qui donnait un côté confidentiel aux activités pratiquées : les Précieuses du XVIIe siècle y tenaient salon. Et les ébats amoureux y avaient lieu en cachette. Aujourd'hui, il n'y a plus ni alcôve ni antichambre dans les trois-pièces-cuisine. Il n'y a plus d'entrée, le coin repas est dans le séjour, et l'espace chambre dans le salon. Dans l'appartement devenu open space, on cuisine, on mange, on dort en famille. Où est passée cette intimité qui préservait nos tête-à-tête ? Comment faire nos confidences sur l'oreiller quand on ne peut plus partager de secrets d'alcôve ?

« Le seuil est parfumé, l'alcôve est large et sombre, / Et, là, parmi les fleurs, nous trouverons dans l'ombre, / Pour nos cheveux unis un lit silencieux. »
Alfred de Vigny

Pendule ou horloge

Quitte à vous perturber, laissez-moi remettre les pendules à l'heure : une pendule est forcément une horloge, mais toutes les horloges ne sont pas des pendules. Je m'explique : une horloge est destinée à mesurer le temps et l'heure. Elle peut fonctionner grâce au soleil (cadran solaire), à l'eau (clepsydre), au sable (sablier), etc. On a tous une horloge biologique qui règle les rythmes de fonctionnement de notre corps. Il existe aussi l'horloge parlante, mais nous n'en parlerons pas. L'horloge est monumentale car il faut qu'on la voie de loin. Indispensable dans les lieux publics, elle nous renseigne quand on n'a pas de montre et elle nous évite de rater notre train. Et c'est elle qui, sous le nom usurpé de Big Ben, attire les foules devant le Palais de Westminster. La pendule est une petite horloge dont le mouvement est entretenu par un... pendule. Autrefois, la pendule de cheminée décorait les salons bourgeois, alourdie de sujets allégoriques en bronze ciselé. Depuis que la pendule à quartz l'a remplacée, on n'a plus besoin de chercher midi à quatorze heures.

« C'est le tic-tac d'une pendule qui fait apprécier le silence. Sans ce tic-tac on est sourds. »
Sacha Guitry

Résident ou résidant

La différence entre ces deux mots ne tient qu'à un fil. Ou qu'à une lettre. D'un côté, un nom. De l'autre, un participe présent. Mais encore... Résident, employé dès le XIIIe siècle, signifiait habitant. Plus tard, à l'époque du colonialisme européen, il a désigné un haut fonctionnaire, comme le résident général de France en Tunisie. Aujourd'hui, qu'ils soient résidents de cités universitaires ou de maisons de retraite, les résidents sont des gens comme nous. Les chanceux, qui cumulent appartement en ville et maison à la campagne, laissent leur résidence de standing pendant l'été pour devenir résidents secondaires en Normandie ou dans le Luberon. CQFD. Les choses se compliquent pour les personnes qui rêvent d'une retraite au soleil dans un autre pays que leur pays d'origine: nombreux sont les résidents allemands installés aux Baléares. Alors que leurs compatriotes sont restés dans la Ruhr, ils habitent en Espagne. Et puisque le participe présent résidant signifie qui réside, ce sont des résidents résidant à Majorque. Souhaitons que le soleil et la bière les aident à se présenter comme des résidents qui résident dans une résidence d'été. Et ils auront encore plus de mal à préciser qu'ils sont ressortissants... Car d'après la définition authentifiée, un ressortissant est du ressort de l'autorité du pays d'où il est originaire. Les restaurants de Majorque sont donc envahis de ressortissants allemands résidant en Espagne... Si le choix d'une résidence est séduisant quand il s'agit de passer des vacances, l'assignation à résidence l'est beaucoup moins: on ne peut pas sortir de chez soi comme on veut.

Punition ou sanction

À l'intention des parents dépassés. Vous qui assommez vos enfants de « Fais pas ci, fais pas ça ! » et de « Va dans ta chambre ! » à chaque fois que vous êtes excédés, sachez que les punitions ne servent à rien. C'est P'tit Gibus qui me l'a dit. Car, d'après mon psy, si la punition lui tombe dessus sans sommations, l'enfant ne la comprend pas, il la trouve injuste. « Pourquoi tu me punis quand je joue avec mon pistolet à eau dans le salon ? Quand je le fais dehors, tout le monde rit ! » La réponse, mon petit, est dans le mode d'emploi du pistolet à eau. Car si le règlement est clair, si le code est bien défini, tu sais ce qu'on attend de toi. Tu sais aussi qu'au moindre manquement tu seras sanctionné. Contrairement à la punition qui est imposée par un parent agacé ou fatigué, et qui peut être très ferme pour l'aîné de la famille et plus souple pour le petit dernier, la sanction est la même pour tous, elle ne fait pas de détail. Elle est même vue comme une preuve d'amour : « Qui aime bien châtie bien. » Nous, quand on était enfants on savait qu'on serait privés de dessert si on refusait de dire bonjour à la dame. Aujourd'hui, on est adultes, mais c'est pareil, on ne peut toujours pas faire ce qu'on veut. Parce que Big Brother

(George Orwell. *1984*) nous a à l'œil. Défense d'entrer ici, de cueillir des fleurs là, de marcher sur la pelouse, de caresser les lions au zoo, de faire du bruit après 22 heures, de téléphoner au volant… sous peine de poursuites. Gare au flagrant délit ! À la moindre incartade, on est pénalisés, avec un « On vous avait prévenu ! » en prime. On ne conteste pas, on paie. Adam et Ève ont payé avant nous, ils nous ont montré que la sanction est divine et la désobéissance… humaine. Pour eux, Dieu a été intransigeant. Nous, on est plus hésitants, on n'ose pas sévir, de peur de faire de la peine aux enfants. Si on joue au méchant, on prévient : « Je vais me fâcher ! » Parfois on se fâche vraiment, sans savoir si on punit ou si on sanctionne. Mais évitons d'ajouter : « C'est pour ton bien ! » Ça les ferait trop rire.

Déjeuner ou dîner

D'après son étymologie, le déjeuner signifie la rupture du jeûne. Il a donc commencé par désigner le premier repas de la journée. Ainsi, jusqu'à la moitié du XIXe siècle, on déjeunait le matin, on dînait à midi et on soupait le soir. Avec une bonne soupe, bien entendu. Mais comme le dit souper a disparu parce qu'il était trop tardif et que la fortune vient à ceux qui mangent tôt *(sic)*, on a décalé le déjeuner à midi et appelé dîner le repas du soir. Le déjeuner du matin a été remplacé par le petit-déjeuner. Avec l'ami Ricoré comme invité d'honneur. En Lozère, le brunch n'existe pas, c'est juste bon pour les paresseux branchés qui cumulent pancakes et cheesecakes, smoothies et cappuccinos, bacon et speck. Histoire de cumuler le p'tit déj et le repas de midi en criant Vive la France ! On s'y perd. Imaginez la confusion pour Mr. MacKenzie que le citadin va emmener dîner en ville dans la soirée, alors que le rural lui proposera de dîner à midi et que sa belle-sœur l'invitera à souper à 19 heures. S'il doit se joindre à la famille Manet pour un déjeuner sur l'herbe, aura-t-il encore faim pour aller au lunch organisé pour le mariage de son voisin ? Pour éviter la confusion, on peut toujours dire : « Viens manger ! », mais ce terme n'est pas raffiné du tout : on mange avec les doigts, on mange sur le pouce, bref, on mange salement. Invitons plutôt nos amis à déjeuner. Ce sera intime, le repas sera simple mais bon. S'ils viennent dîner mardi prochain, il y aura probablement d'autres invités. Ils auront droit à une nappe. Et il y aura des couverts pour tout le monde. Une question : les enfants sont-ils plus logiques que nous ? Est-ce vraiment à quatre heures qu'ils font quatre heures ?

« Après un bon dîner on n'en veut plus
à personne, même pas à sa propre famille. »
Oscar Wilde

Pin ou sapin

Ce que j'aime chez le pin, c'est son côté parasol car qui dit parasol dit farniente. Sieste. Lecture. Paresse. Alors que le sapin évoque Noël, le Père du même nom, les guirlandes qui brillent et les cadeaux. Tant pis si l'arbre qu'on vous vend sous le nom de sapin de Noël est un épicéa. D'après un pépiniériste de mes amis, les pommes (ou cônes) des sapins sont dressées, alors que celles de l'épicéa sont pendantes. Alors, cet épicéa de Noël, il est normal qu'on le décore avec des boules. Pendantes elles aussi. Ainsi, ce « beau sapin, roi des forêts » n'est pas le roi de mon salon. Tant pis. Et cet épicéa qui le remplace est un usurpateur. Est-ce grave ? Je ne le pense pas, car personne n'est dupe, pas même nos bambins : ils découvrent sous un faux sapin les cadeaux apportés par un Père Noël auquel ils n'ont jamais cru. Pas bêtes. Mais ils font semblant. C'est ça, la magie de Noël. Cette magie, on en a tous besoin parce qu'on aime se raconter des histoires. C'est pour ça qu'on n'ouvrira jamais un ouvrage de botanique : les pommes des sapins s'appellent des pommes de pin ? Le pin d'Oregon, c'est pareil que le sapin de Douglas ? La belle affaire ! Ce qui importe, c'est de savoir qu'on trouve les sapins dans une sapineraie et les pins dans une pinède. Les petits pains, c'est dans une boulangerie. Et les sapins en chocolat, dans une pâtisserie.

Soûl ou ivre

Chez les Groseille *(La vie est un long fleuve tranquille)*, quand on a trop picolé on est soûl. Mais si Jean Le Quesnoy abuse du gevrey-chambertin, il est ivre. Question de vocabulaire. Soûl, saoul, qu'importe, cet adjectif a titubé depuis le latin *satur* qui signifiait rassasié. Celui qui est soûl ne fait pas dans le détail, et quand il boit « du brutal » dans lequel « y'a pas seulement que de la pomme » *(Les Tontons flingueurs)*, il a mal aux cheveux, il a la bouche pâteuse. Comme Bourvil dans son sketch d'anthologie « L'eau ferrugineuse ». Chez les gens bien, quand on est ivre on n'est pas plus beau à voir mais on ne sera jamais bourré, c'est trop vulgaire. Juste un peu éméché. On dirait que même les mots font la différence entre les aristos et les prolos... Pour les jeunes qui s'adonnent au *binge drinking*, la beuverie effrénée est un rituel initiatique. Je les plains. Et je leur conseille de lire *Le Bateau ivre* que Rimbaud a écrit quand il avait leur âge.

« Boire ou conduire, il faut choisir,
mais on ne va tout de même pas rentrer à pied. »
Jean Carmet

Décombres ou gravats

Pour moi, les gravats évoquent une grande poubelle. Une poubelle remplie de débris, de graviers et de cailloux. Avec, en prime, des mégots et des canettes de bière, qui iront recouvrir les décharges sauvages. Il paraît que tout n'est pas à jeter et qu'on peut offrir une nouvelle vie à ces gravats. On va les trier (il n'y a pas de sot métier, pas plus qu'il n'y a de petits profits), puis laver ce qui est lavable et concasser ce qui est concassable. Et ce sera réutilisé comme matériau de construction. La boucle sera bouclée. Les décombres sont comme les gravats, mais en plus noble. Ce sont les vestiges d'un édifice qui a été détruit. Il arrive qu'on y trouve des morceaux de corniches et de chapiteaux, des fragments de marbre et de mosaïques, véritables puzzles archéologiques qui témoignent d'une vie disparue. Nombreuses sont les catastrophes en tout genre qui anéantissent un temple, un château, voire une ville. Une grande partie des décombres de Pompéi ont été déblayés, ce qui a permis de voir comment les gens vivaient « avant ». En se promenant dans cette ville de cendres, on côtoie les restes, ou décombres, d'un monde disparu. Les séismes destructeurs

décom

n'appartiennent pas au passé et aux civilisations d'autrefois, ils font partie de notre quotidien : après les raz de marée et les tremblements de terre, on s'empresse de sauver les gens ensevelis sous les décombres, immeubles, écoles ou églises. Et que dire des guerres qui anéantissent des villes entières ? Que de décombres à soulever, à enlever, que de ruines à sauvegarder... Dans tous les cas, les décombres inspirent le respect. Respect pour les victimes qui ont vécu là et respect pour les pierres qui ont été posées pour abriter la vie. Car, contrairement aux gravats qui ne sont que détritus et qui ne parlent pas, les décombres ont toujours une histoire.

« Si toutes les catastrophes permettaient
à un amour fou de renaître,
alors je rafolerais les décombres ! »
Alexandre Jardin

Suer ou transpirer

La transpiration permet de maintenir la température interne de notre corps à 37°. On transpire comme on respire, conformément à l'étymologie du mot : le latin *transpirare* vient de *spirare* qui signifie exhaler, souffler. Si la peau respire, tant mieux, quitte à incommoder les narines sensibles qui subissent les odeurs nauséabondes des rames de métro aux heures de pointe. Une enquête approfondie m'a appris que les glandes sudoripares apocrines sont responsables des mauvaises odeurs, alors que les eccrines fonctionnent de façon plus ... discrète. Heureusement, les déodorants sont là, et il y en a pour tous les goûts, en spray, en crème, en stick, à bille, etc. La sueur, produite par le même mécanisme de thermorégulation (mais oui !), est plus noble, on dirait qu'elle sent moins mauvais. Une héroïne de roman ne transpire pas, c'est toujours « une légère sueur qui perle sur son front ». La sueur peut avoir une origine émotionnelle et naître d'une sensation de malaise. Quand James Stewart est submergé par sa névrose dans le film d'Hitchcock , elle se transforme en sueurs froides. Et puis, Dieu l'a dit à Adam, c'est elle qui symbolise l'effort : « Tu gagneras ton pain à la sueur de ton front. » Il y a des gens pour qui suer est un plaisir et qui alternent hammam et sauna. Il faut de tout pour faire un monde.

Crier ou hurler

Crier, c'est parler d'une voix forte pour se faire entendre. Qu'il s'agisse de madame Machin dont le mari est encore au bistrot, de Christophe qui a perdu Aline sur la plage, ou du pécheur du *Psaume 129* (« Des profondeurs je crie vers toi, Seigneur »), on a tous de bonnes raisons pour crier. Et quand on n'en a pas, on va à Plouhinec ou à Concarneau pour écouter crier les autres lors de la criée aux poissons. Pendant que Michel Audiard initie les spectateurs au *Cri du cormoran le soir au-dessus des jonques*. Car même les animaux crient, comme la cigale qui « alla crier famine chez la fourmi sa voisine » (Jean de La Fontaine). Quand le danger guette, on crie au loup en poussant des cris d'orfraie. Celui qui hurle n'en peut plus. Que ce soit de rage ou de douleur, il ne s'adresse à personne en particulier mais ses hurlements sont impressionnants. Quand la jeune Marion *(Psychose)* hurle sous la douche, ce n'est pas pour que Norman Bates arrête de la massacrer (un fou est un fou), c'est seulement (!) parce qu'elle a peur. Celui qui hurle avec les loups ne se prend pas pour Mowgli, il veut juste faire comme les autres. Il pense comme eux, il parle comme eux. Et quand mon voisin s'absente, son chien hurle à la mort. Quand la nature se déchaîne, le vent hurle aussi fort que dans un poème de Victor Hugo *(Gros temps la nuit)*, ou dans un livre d'Emily Brontë *(Les Hauts de Hurle-Vent)*. Aux cris, je préfère les chuchotements. Aux hurlements, les messes basses. Et aux vociférations d'un excité, la voix apaisante de *L'homme qui murmurait à l'oreille des chevaux.*

index

Sommaire (ou index)

Jean-Loup Chiflet est éditeur et écrivain

Il est l'auteur d'une soixantaine d'ouvrages et a su faire des subtilités et de la richesse du français un terrain de jeu. Les nuances, les expressions, l'ordonnancement des mots sont pour lui l'occasion d'un amusement perpétuel que seul un amoureux de la langue française peut s'autoriser !

Parmi ses principaux succès :

Sky my husband! Ciel mon mari! (Éditions Hermé)
Oxymore, mon amour! (Chiflet et Cie)
Dictionnaire amoureux de l'humour (Plon)
Dictionnaire amoureux de la langue française (Plon)
Le Bouquin de l'humour (Laffont, « Bouquins »)

Et dernièrement dans la collection Mots & Caetera avec *Le Figaro Littéraire* :

Petit traité singulier des pléonasmes insoupçonnés